Florian Evers

Vexierbilder des Holocaust

Populäre Kultur und Medien

herausgegeben von

Prof. Dr. Christoph Jacke
(Universität Paderborn)
und
Dr. Martin Zierold
(Gießener Graduiertenzentrum
Kulturwissenschaften – GGK)

Band 4

LIT

Florian Evers

Vexierbilder des Holocaust

Ein Versuch
zum historischen Trauma in der Populärkultur

LIT

Gedruckt auf alterungsbeständigem Werkdruckpapier entsprechend
ANSI Z3948 DIN ISO 9706

Bibliografische Information der Deutschen Nationalbibliothek
Die Deutsche Nationalbibliothek verzeichnet diese Publikation in der
Deutschen Nationalbibliografie; detaillierte bibliografische Daten sind
im Internet über http://dnb.d-nb.de abrufbar.

ISBN 978-3-643-11190-6

© LIT VERLAG Dr. W. Hopf Berlin 2011
Verlagskontakt:
Fresnostr. 2   D-48159 Münster
Tel. +49 (0) 2 51-620 320   Fax +49 (0) 2 51-922 60 99
e-Mail: lit@lit-verlag.de   http://www.lit-verlag.de

Auslieferung:
Deutschland: LIT Verlag Fresnostr. 2, D-48159 Münster
Tel. +49 (0) 2 51-620 32 22, Fax +49 (0) 2 51-922 60 99, e-Mail: vertrieb@lit-verlag.de
Österreich: Medienlogistik Pichler-ÖBZ, e-Mail: mlo@medien-logistik.at

Inhalt

Geleitwort der Reihenherausgeber

In einer jungen wissenschaftlichen Buchreihe hat jede Veröffentlichung eine mindestens doppelte Funktion: Sie soll zunächst für sich stehen können, stimmig und erhellend, im besten Fall faszinierend sein. Doch zugleich gestalten gerade die ersten Bücher auch das Profil der gesamten Reihe mit, erfüllen oder enttäuschen Hoffnungen, und geben einen exemplarischen Eindruck, was Leser_innen künftig erwarten dürfen. All dies wissen wir. Und haben dennoch die ersten Bände unserer Reihe „Populäre Kultur und Medien" nicht nach einem strategischen Marketing-Masterplan konzipiert, sondern aus Projekten und Forschungszusammenhängen emergieren lassen, die sozusagen zur rechten Zeit am rechten Ort waren.

Dass bereits nach nunmehr vier Bänden ein breites Spektrum von Formaten erschienen ist, ist ein erfreulicher Nebeneffekt unserer Arbeit, der sich sozusagen als unabsichtlich programmatisch lesen lässt: Die Reihe „Populäre Kultur und Medien" sollte von Beginn an ein Forum für vielfältige Arbeiten aus dem Feld der Popkulturforschung sein – und ist dies zu unserem Vergnügen mit einem breiten Spektrum vom einführenden Band über konzeptionell ausgerichtete Sammelbände bis hin zur im besten Sinne des Wortes hervorragenden Abschlussarbeit auch geworden.

Viele der erschienenen Bücher haben eine organisatorische oder inhaltliche Nähe zur AG „Populärkultur und Medien" der Gesellschaft für Medienwissenschaft (GfM), die wir 2008 gegründet haben. Dies gilt auch für die vorliegende Arbeit, die sich der Verknüpfung von Erinnerungskultur- und Popkulturforschung widmet und damit an einen Themenschwerpunkt der AG (neben der Popmusikforschung) anknüpft. Doch auch diese Verbindung ist nicht exklusiv gedacht. Auch für die Zukunft wird es unser Ziel bleiben, dass diese Reihe nicht auf ausgetretenen Pfaden wandeln soll, auch nicht auf von ihr selbst geformten. Ihr wichtigstes Ziel ist es, mit gewichtigen Studien zur breiten Profilierung einer medienkulturwissenschaftlichen Popkulturforschung beizutragen – mal in systematischer Form, mal in eher exemplarischem Vorgehen. Wir danken Florian Evers, dass er mit seiner originellen, bisweilen extravaganten und stets höchst reflektierten und lesenswerten Arbeit als erster Nachwuchswissenschaftler mit einer Abschlussarbeit zu diesem Vorhaben beiträgt.

Paderborn / Gießen, im April 2011
Christoph Jacke & Martin Zierold

Danksagung

Mein Dank gilt den vielen Menschen, die mich bei der Arbeit an diesem Buch inhaltlich angeregt und meine Moral aufrechterhalten haben. Ohne den Austausch mit speziell Sarah Klaue, Hannah Wälzholz und Nikolaus Perneczky aber auch Cornelia Röser, Antonia Joseph, Alex Hundt, Cecilia Valenti, Magnus Klaue, Alessa Rather und Jonna Granberg wäre diese Arbeit nicht auf dieselbe Weise zustande gekommen.

Weiterhin danken möchte ich Prof. Dr. Gertrud Koch für die inhaltlichen Hinweise, Prof. Dr. Thomas Morsch für den geistigen Austausch und den Hinweis auf den Film *The Keep*, sowie Dr. Bernhard Groß und Dr. Judith Keilbach für das Wissen, das sie mir im Laufe der Jahre vermittelt haben. Allen danke ich darüber hinaus für die anregenden Seminare.

Ich danke dem LIT Verlag, speziell Herrn Weber und Herrn Hopf für die freundliche Beratung und Betreuung des Projekts, Herrn Prof. Dr. Christoph Jacke und Herrn Dr. Martin Zierold für die Aufnahme dieser Arbeit in Ihr Verlagssegment.

Nicht zuletzt wäre diese Analyse ohne die fruchtbaren Hinweise von Alexander Pohnert, Michel Decomain und Vitus T.F. Schuknecht um mindestens fünf popkulturelle Erzeugnisse ärmer. Herr Dr. med. Schuknecht stand mir darüber hinaus unterstützend in einigen Fragen der klinischen Psychologie und Psychiatrie zur Seite.

Mein Dank gilt natürlich meiner Familie und speziell meinen Eltern, die mir das Studium ermöglicht haben und die immer Vertrauen in mich hatten.

1. Einleitung: Ein Zeitzeuge

Das Gesicht des Sprechenden ist angespannt, es glänzt leicht vom Schweiß, man sieht die Adern auf seiner Stirn, seine Augen sind an einigen Stellen seines Zeitzeugenberichts unstet, als würden die traumatischen Ereignisse, von denen er seinem Gegenüber berichtet, vor einem inneren Auge an ihm vorbeiziehen. Die Kadrierung gewährt ihm ein Close-Up, das Intimität suggeriert – es scheint, er erzählt *uns* seine Geschichte, und auch vor *unserem* inneren Auge ziehen Bilder seines schweren Schicksals vorbei:

Der Mann ist vom Krieg gezeichnet, er lebte – so erzählt er – in den Ruinen einer bei Angriffen zerstörten Stadt und musste sich vor Patrouillen verstecken. Zu dieser Zeit wäre er fast verhungert. Doch man entdeckte ihn, und damit begann ein Grauen, das die schrecklichen Erlebnisse des Kriegs noch übertraf. Man deportierte ihn und viele andere in ein Vernichtungslager. Er erinnert sich an die Drahtzäune, die diesen Ort umgaben. „Einige von uns", presst er zwischen den Zähnen in einer Geste zwischen Hass und dem Versuch, Tränen zurückzuhalten, hervor, „wurden am Leben gehalten, um zu arbeiten. Um die Leichen zu verladen. Die Vorrichtungen, um die Körper zu entsorgen, wurden Tag und Nacht betrieben. Wir waren so kurz davor, für immer vernichtet zu werden!" Das Filmbild bleibt im *Jetzt* bei ihm, kein Material wird eingeschnitten, das seine Erinnerung untermauert, doch trägt er selbst an seinem Körper ein Zeichen, das die Authentizität der Worte unterstützt und eine Brücke vom Zeitzeugenbericht zum geschundenen Körper schlägt: Wie so viele der Überlebenden von Auschwitz in dokumentarischen und fiktionalen Repräsentationsversuchen des Kinos öffnet der Mann seine Manschette, schiebt den Ärmel hoch und zeigt seinem Gegenüber im Off die Nummer, die ihm im Vernichtungslager für alle Zeit auf den Arm gesetzt wurde: ein mit einem Laser eingebrannter Strichcode.

Wir befinden uns etwa in der fünfundvierzigsten Minute von Ja-

mes Camerons *Terminator* aus dem Jahr 1984, dem ersten Film aus
der inzwischen vierteiligen Reihe. Die Figur, Kyle Reese, gibt Zeugnis einer nicht allzu weit von der Filmdiegese entfernten Zukunft,
in der er ein Widerstandskämpfer in einem Krieg gegen Maschinen
ist. Eine davon, ein Terminator, wurde in die Vergangenheit zurück-
geschickt, um die Mutter des Anführers der Resistance zu töten. Er
spricht mit deutschem Akzent.

Die voranstehende Analyse war natürlich aus stilistischen Gründen manipulativ. Sie ist einseitig darauf ausgerichtet, das Beschriebene als eine Passage aus einer Holocaust-Dokumentation zu miss-
verstehen. Eine korrekte Sequenzanalyse hätte die Figur in die Diegese einbetten müssen, erwähnen, dass die Szene konventionell
auch Gegenschüsse zum Gesprächspartner aufweist, dass sie in einem Auto stattfindet, das der Protagonist während seines Schre-
ckensberichts nebenher kurzschließt, und dass die Figur nicht nur
aufgrund der traumatischen Erinnerung angespannt wirkt und
schwitzt, sondern auch, da sie gerade eine Verfolgungsjagd mit einer jener „Endlösungs-Maschinen", dem Terminator, hinter sich hat.
Auch in dem „Zeitzeugenbericht" selbst gab es bewusste Auslas-
sungen: Kyle Reese erzählt vorweg durchaus, dass es ein Nuklearkrieg ist, dessen Auswirkungen er erlebt hat, dass Maschinen
die Kontrolle übernahmen und dass die Patrouillen, die ihn suchten, maschinelle „H.K.s", „Hunter-Killer", und nicht etwa die SS
waren. Andererseits wurde aber auch nichts dazugedichtet. Auf
makabre Weise wird hier das narrative Metallskelett des Science-
Fiction-Action-Films mit dem nach „Wirklichkeitseffekt"[1] und Dras-

---

[1]   Ich verwende diesen Begriff nach Guido Kirstens Ausführungen zu André Ba-
    zins Terminologien des Realismus und Wirklichkeitseindrucks im Film, bei dem
    er sehr genau zwischen einem „Realitätseindruck" des Filmmaterials unabhän-
    gig von semantischer Referenz, „Wirklichkeitseffekt", als Surplus der bloßen
    Fabula (erzählten Geschichte), der die Diegese in „liebevollen Details" über-
    ragt und „Authentiéeindruck", der eine Kombination aus technischem Stilmit-
    tel und realistischen Erzähltechniken darstellen soll, differenziert. Gerade in-
    nerhalb eines phantastischen Genres erscheint mir die präzise Differenzierung
    dieser „liebevollen Details" (was zwar tatsächlich das Äquivalent zu Bazins
    Analyse des Detailreichtums von *Umberto D.* darstellt, bei dem, was hier un-
    tersucht wird aber schnell zynisch klingen mag) von anderen Modi ungemein

tik heischendem Fleisch des Zeitzeugenberichts eines Auschwitz-Überlebenden amalgamiert, um den *Terminator* ein wenig furchterregender zu machen, vielleicht auch, um ihn abzugrenzen von unauthentischen, unfreiwillig komischen Ansätzen des Genres in der Vergangenheit.[2]

Der zweite Teil der *Terminator*-Reihe ist eher mit seinen neuen CGI-Bildbearbeitungsmöglichkeiten beschäftigt, während die von Arnold Schwarzenegger verkörperte *Terminator*-Figur den Schrecken der Maschinen abmildert, da sie zum freundlichen, sprücheklopfenden Wachhund, zum Spielgefährten eines Teenagers umprogrammiert wird. Auch der dritte Teil zitiert ironisch die Vorgänger, enthält Lacher und lässt die makabren Untertöne weitestgehend abklingen.

Der vierte Teil der Reihe, *Terminator: Salvation* aus dem Jahr 2009, jedoch setzt eine deutliche Zäsur im humoresken Unterton und knüpft damit wieder an den Beginn der Reihe an. Der Film ist darum bemüht, apokalyptische Simulakren aneinander zu reihen, und bebildert die dystopische Zukunft, die in den ersten beiden Teilen der *Terminator*-Reihe lediglich in kurzen „Flash-Forwards/Backs"[3] gezeigt und durch Berichte im Dialog, wie den oben angeführten,

---

wichtig, da man in naiver Beschreibung schnell Gefahr läuft, in Ermangelung eines besseren Terminus vom Realismus in der Phantastik zu sprechen. Siehe: Guido Kirsten: „Die Liebe zum Detail – Bazin und der ‚Wirklichkeitseffekt' im Film", in: *Montage/av*, Schüren 18/01/2009, S. 141 ff. Im Folgenden zitiert als: Kirsten.

2　Gemeint sind Filme des Trash-, Exploitation und B-Kinos. Der Ausdruck „Trash" bezieht sich hierbei auf ein Kino des bewusst schlechten Geschmacks aber auch der gescheiterten Ernsthaftigkeit, „Exploitation" ist eine wertende Kategorie, die einem Film vorwirft, aus Sensationslust und Profitgier Nacktheit und Gewalt auf die Leinwand zu bringen. Der Begriff wurde jedoch mit der Zeit zu einem Label, ähnlich einem Genre umgedeutet. „B-Movie" wiederum ist ebenfalls eine wertende Kategorie, die zunächst auf niedrige Produktionskosten, geringen Aufwand und schnelle Produktion rekurriert. Für eine ausführliche Beschreibung siehe die Einträge zu den Kategorien in: Thomas Koebner (Hg.): *Reclam Sachlexikon des Films*, Phillip Reclam jun., Stuttgart 2002.

3　Im Falle eines Zeitreiseparadoxon-Films wird die genaue Definition hier leider obsolet.

beschrieben wird. Und genau an diesem Punkt werden auch die Versatzstücke des Holocaust wieder aufgegriffen.

Wir begleiten erneut die Nebenfigur Kyle Reese, diesmal noch vor seiner Zeitreise. Und während die trommelfeuerartig auf den Zuschauer losgelassenen Action-Sequenzen ihr ikonographisches Vorbild in der Medienberichterstattung über den Irak-Krieg suchen, möchte der Film nun auch jenes Vernichtungslager bebildern, das im ersten Teil der Reihe nur im mündlichen Bericht existierte. Von Maschinen durchgeführte Gefangenentransporte mit zusammengepferchten Deportierten, die wissen, dass ihnen im Lager die Vernichtung droht, durchmischen den bestehenden Kosmos fiktionaler Holocaustfilmbilder mit Science-Fiction-Sammelrobotern und -Flugmaschinen, die zu schwebenden Viehwaggons der Reichsbahn stilisiert werden. Vorbei an Drahtzäunen und Silhouetten maschineller Wachposten werden Menschen ins Innere des Lagers gedrängt, das auf der Bildebene eine Chimäre[4] aus KZ, Schlachthof und Automobilfabrik darstellt. Eine Selektion an der „Rampe" erfolgt, allerdings durch Laserscan und einen maschinellen Greifarm. Auch der Horror der medizinischen Experimente muss einfließen: Da die Maschinen ihre Infiltrationseinheiten mit menschlichem Fleisch versehen, werden Gefangene in Zellen gehalten, bis sie auf Seziertischen zu experimentellen Zwecken qualvoll zu Tode operiert werden.

Noch 1984 reichte James Cameron der mündliche Bericht, seitdem scheint die Zirkulation der Bilder einer Holocaust-Genreikonographie als Zitat innerhalb der Popkultur weiter vorangeschritten zu sein. Was ehemals nur der finsterste Vertreter des Trash- und Underground-Kinos, der „Naziploitation-Film" oder sogenannte „Sadiconazista"[5], sich erlaubte, hat offenbar den Main-

---

4   Ich verwende den Terminus bewusst in seiner Mehrdeutigkeit als „Trugbild", „Unding" und mythologischem Ungeheuer, das in seiner Gesamtheit ein Fabelwesen ist, dessen Einzelteile jedoch Tieren der Realität zugeordnet werden können.

5   Vgl.: Markus Stiglegger: *Sadiconazista – Faschismus und Sexualität im Film*, Gardez-Verlag, St. Augustin, 1999, S. 43 ff. Im Folgenden zitiert als: Stiglegger: *Sadiconazista – Faschismus und Sexualität im Film*.

stream erreicht, ohne in Feuilletons und Filmkritiken Irritation aus-
zulösen; denn *Terminator: Salvation* ist bei weitem nicht der einzige
Film des aktuellen Blockbuster Kinos, der eine sich herausgebildete
Holocaust-Ikonographie als morbides „Oberflächendesign" für das
Entfalten einer Horror-Diegese nutzt. Man kann hierbei von einer
Tendenz sprechen, die sich in den 90er Jahren entwickelt hat.[6]

Ein Motiv für diese Analyse mag in der Irritation darüber liegen,
dass sich die Bilder dieses mit einem Darstellungsverbot (Theodor
W. Adorno, oder filmspezifischer der „Flammenkreis" Claude Lanz-
manns[7]) und gar der Kategorie des Erhabenen (Jean-François Lyotard) in Verbindung gebrachten Ereignis über das B- und Exploitationkino immer inflationärer und dabei mit zunehmender Drastik bis in den popkulturellen Mainstream-Blockbuster einschreiben
konnten.

Diese Untersuchung wird sich dem Einsatz von „Nach-Bildern"[8]
der Shoah speziell in audiovisuellen Medien widmen, die ihrem Genre nach zunächst wenig geeignet erscheinen, sich ernst-
haft mit diesem Thema auseinander zu setzen. Dies wären einerseits jene Genres, die in irgendeiner Weise mit dem Phantastischen verknüpft sind: der Horrorfilm, der Science-Fiction-Film, die
Mystery-Fernsehserie, auch die beliebten Comic- und Superhelden-
Verfilmungen der 2000er, andererseits eben jene Ausformungen des
Horrorfilms und des Thrillers, die zwar nicht die Phantastik bedienen, denen jedoch immer der Vorwurf einer Sensationslust an Grausamkeiten anhaftet.

---

6   Matthias N. Lorenz: „Der Holocaust als Zitat", in: *Die Shoah im Bild*, Sven Kra-
     mer (Hg.), edition text + kritik, Boorberg-Verlag, Augsburg 2003, S. 267. Im Fol-
     genden zitiert als: Lorenz: „Der Holocaust als Zitat".
7   Claude Lanzmann sagt: „Der Holocaust ist vor allem darin einzigartig, dass er
     sich mit einem Flammenkreis umgibt, einer Grenze, die nicht überschritten wer-
     den darf, [...] und es ist meine tiefste Überzeugung, dass jede Darstellung ver-
     boten ist." In: ders.: „Ihr sollt nicht weinen. Einspruch gegen Schindlers Liste",
     zitiert nach: Sven Kramer: „Inszenierung und Erinnerung. Zur Darstellung Na-
     tionalsozialistischer Todeslager im Film", in: *Weimarer Beiträge* 42, Heft 4, 1996,
     S. 522.
8   Den (ins Deutsche übertragenen) Begriff entlehne ich hier Joshua Hirsch. Joshua
     Hirsch: *After Images: Film, Trauma and the Holocaust*, Temple University Press,
     Philadelphia 2004.

Beispiele aus dem relevanten Filmkorpus wären etwa der erste Teil der *X-Men*-Trilogie, die neben *Spider Man* und *Batman* eine der erfolgreichsten Comicverfilmungen der 2000er darstellt und deren Exposition ihre Diegese in Auschwitz entfaltet. Die Protagonisten der Filme *Hellboy* und *Constantine*, ebenfalls Kino des Superhelden-genres aus den 2000ern, müssen sich nach dem Vorbild von Spiel-bergs *Indiana Jones* und Michael Manns*The Keep* mit dem Urbösen herumschlagen, das auf die jeweils spezifische Art der Geschichte mit den Nazis verknüpft erscheint, und auch der Geister-Horrorfilm *The Unborn* und die Fernsehserien *Millennium, Outer Limits, Twilight Zone, Star Trek* und *X-Files* verweben (in mehr als einer Episode) die Verbrechen des Nationalsozialismus mit der Phantastik. Diese phan-tastische „Exterritorialisierung" des traumatischen Schreckens des Dritten Reichs soll dabei im zweiten Kapitel dieser Analyse, nach einer Einführung in die Terminologie, zunächst mit frühesten Ver-suchen der Diskursivierung der Shoah mittels Höllenmetaphorik verglichen werden. Das Folgekapitel wird sich einer filmgeschichtli-chen Strömung des Underground und Trash widmen, die die Shoah zur sadomasochistischen Fabel profanisiert und deren Bilder und Figurenentwürfe im populären Kino nachwirken.

Neben den ikonographischen Vexierbildern der Shoah im phan-tastischen Film dienen auch Repräsentanten der Tätergruppen, die noch näher zu erläuternden „Inkorporationen des Holocaust", als personelles Repertoir der Thriller- und Horrorphantasien. So soll das vierte Kapitel dieses Buchs der Darstellung des Exzesstäters, des KZ-Arztes und des SS-Manns, in seiner Verbindung zum Monster und Psychopathen des Horrorfilms gelten.

Dabei soll der Bruch zwischen einem klassischen und postklas-sischen Horrorkino unter den Vorzeichen des historischen Traumas betrachtet werden, das seine narrativen Versatzstücke und seine Iko-nographie der Shoah in den Bilderkosmos von Filmen wie *Night of the Living Dead, Silence of the Lambs* oder *The Texas Chainsaw Massacre* einschreibt.

Ein weiteres Kapitel wird sich der Analyse von Filmen und Fern-sehproduktionen widmen, die ein Rachenarrativ konstruieren, in denen Opfergruppen des Holocaust mit der Phantastik verwoben werden.

Das letzte Kapitel schließlich wird sich dem banalen Herbeizitieren und der Inanspruchnahme der Shoah-Versatzstücke als universalisierte Zeichen des Traumas[9] in schlaglichtartigen Analysen widmen, um dann mit einer Betrachtung des finstersten Vertreters der Neo-Splatterwelle des Horrorkinos der 2000er zu schließen: Eli Roth' Mainstream-Horrorfilm *Hostel* – so soll aufgezeigt werden – imaginiert jenseits des klassischen Monsterplots das industrielle Töten und bebildert es auf verstörende Weise mit verschiedensten Versatzstücken der Darstellung des Holocaust im fiktionalen Film.

Der Kern und zugleich die Achillesferse dieser Untersuchung ist dabei, dass sie keine Filmanalyse im eigentlichen Sinne darstellt, sondern vielmehr als eine Diskursanalyse der Popkultur mit filmwissenschaftlichen und genretheoretischen Methoden entworfen ist. Diesem Umstand ist geschuldet, dass die Analyse zwar auch einzelne Beispiele herausgreifen und exemplarisch untersuchen wird, sich jedoch letztendlich auf der Suche nach analog verwendeten Motiven, Ikonographien, Narrativen und Figuren sprunghaft von Werk zu Werk bewegen wird, ohne dem einzelnen Film oder Regisseur wirklich gerecht werden zu können.

Um aufzuzeigen wie dominant sich die Versatzstücke des Holocaust in die Phantastik und den Horror weben, werden so zwar *Schindler's List*, *Hellboy*, *The Unborn* und *Hostel* mit ausführlicheren Einzelanalysen bedacht werden, letztlich jedoch bisweilen auch Motive betrachtet werden, die für den jeweiligen Film im Einzelnen kaum Relevanz besitzen. Ob etwa in *Books of Blood* ein KZ-Häftling spukt, ist nur für diese Analyse von Interesse, dem Film selbst ist damit in keiner Weise gerecht geworden.

Grenzen und blinde Flecken der nachfolgenden Betrachtungen wird man darin erkennen, dass sie einige Argumente aus Begriffen wie „populär", „Popkultur", „gesellschaftlich sanktioniert", „Underground" und „Mainstream" ziehen, ohne dass sich dieses Buch

---

9   Vgl.: Manuel Köppen, Klaus R. Scherpe: „Zur Einführung: Der Streit um die Darstellbarkeit des Holocaust", in: dies. (Hg.): *Bilder des Holocaust: Literatur – Film – Bildende Kunst*, Böhlau, Köln, Weimar, Wien 1997, S. 4.

in einem Kapitel mit dem Kino und dem Begriff der Masse oder Massenkunst auseinandersetzt. Dies ist eine selbst gewählte, gesetzte Eingrenzung dieser Diskursanalyse.

Ein weiterer blinder Fleck liegt in der starken Fokussierung auf den Analysegegenstand als Narrativ. Das Dispositiv wird dabei so sehr vernachlässigt, dass die Filmanalysen dieser Arbeit sich kaum von den Analysen von Fernsehinhalten unterscheiden. Dieser Umstand ist mir durchaus bewusst, gehe ich doch nicht zuletzt von wechselseitiger ikonographischer Beeinflussung der beiden Medien in der Holocaust-Repräsentation aus. Zum anderen hätte ein näheres Eingehen auf die Problematik verschiedener Dispositive ebenfalls den gesetzten Rahmen dieses Buches gesprengt.

Nicht zuletzt werden an einigen Stellen fast eklektizistisch Filmwissenschaftler und Erkenntnisse ins Feld geführt werden, die aus verschiedenen Paradigmen stammen. So wird etwa in Analyseteilen durchaus auf Kognitivisten wie David Bordwell oder Noel Carroll verwiesen, während diese Untersuchung ansonsten stark auf Theorien basiert, die Psychoanalyse nicht kategorisch ablehnen. Dies ist der Methode geschuldet, anstelle einer Theorie hier vor allem ein Motiv und seine Diskursivierung nachzuzeichnen.

Ziel dieser Arbeit ist es dabei weder, die untersuchten Erzeugnisse der Popkultur von einem unseriösen Umgang mit der Shoah freizusprechen, noch die absurde Annahme aufzustellen, dass sie geeigneter als jedes andere Genre seien, den historischen Horror des Holocaust darzustellen oder überhaupt zu postulieren, es handele sich um Filme über den Holocaust. Im Sinne der Aussage Eli Wiesels, ein Roman über Auschwitz sei entweder kein Roman oder nicht über Auschwitz, erzählen die hier angeführten Filme nichts über die Shoah. Es soll allerdings jenseits des schnell formulierten Exploitationvorwurfs eine ernsthafte Auseinandersetzung und Analyse jener gespenstischen Wiederkehr der Bilder erfolgen, die der Frage nach ästhetischer Funktion für den Film auf der einen und kultureller Phantasietätigkeit über den Holocaust auf der anderen Seite nachgehen soll.

2. Kino und Trauma

Films like *Night of the Living Dead*, *Texas Chainsaw Massacre*, you know, *Shivers*, *Last House on the left*, all those films tell us over and over again: the apocalypse isn't now, the apocalypse is always and ongoing and there's no easy way to go back to before the apocalypse, and there is no easy way to imagine a time after it.[1]

Adam Lowenstein, Professor der Film Studies, University of Pittsburgh, über das Wechselverhältnis von Horrorkino und gesellschaftlichem Trauma.

2.1. Warum jetzt?

In ihrem Essay über das Wechselverhältnis von Filmtheorie und Traumaforschung aus dem Jahr 2001, *Trauma and Screen Studies – opening the debate*, schreibt Susannah Radstone in Bezug auf Analysen Thomas Elsaessers, dass das zeitliche „Danach" des Trauma eine mögliche Relation auf die Frage aufzeigt: „Why this Film now?".[2] Dies kann auf verschiedene Aspekte eines Kinofilms übertragen werden. Warum *jetzt* diese Erzählung? Warum *jetzt* seine Popularität? Warum *jetzt* genau diese Ästhetik? Natürlich kann eine Untersuchung des Verhältnisses von Trauma und Kino nicht den Anspruch erheben, diese Frage universell für jeden Film zu beantworten. Jedoch erscheint die Analyse sinnvoll, wenn sich ein traumatisches historisches Ereignis, ein „Immemorial"[3] im Sinne Lyotards, in das populäre Kino einschreibt. Zudem, wenn es sich mit einer Ästhetik verbindet, die eine gewisse Nähe zu psychoanalytischen Kategorien von Verdichtung, Verschiebung, Dissoziation und Phantasma aufweist, wie es die Sprache des Horrors tut.

---

[1] *The American Nightmare*, USA 2000, Adam Simon. 0⁻:04:15 [Hervorhebungen von mir].

[2] Susannah Radstone: „Trauma and Screen Studies. opening the debate", in: *Screen*, Nr. 42, Heft 2, 2001, S. 192. Im Folgenden zitiert als: Radstone.

[3] Jean-François Lyotard zitiert nach: Wolfgang Ernst: „Auschwitz", in: Karlheinz Barck u.a. (Hg.): *Ästhetische Grundbegriffe*, Bd. 1, Metzler, Stuttgart, Weimar 2000, S. 14. Das Lexikon wird im Folgenden zitiert als: *Ästhetische Grundbegriffe*.

Warum imaginiert das Kino etwa den *Terminator* zu seiner Zeit, warum die eingangs beschriebene Holocaust-Passage? Liegt es daran, dass eine Prise Holocaust-Bericht dem Unheimlichen in der „Liebe zum Detail" den ultimativen Schrecken hinzufügt, der Dystopie ein Stück Apokalypse-Vision mit *effects du reèll*? Es ist kaum abzustreiten, dass diese bloße Instrumentalisierung der Holocaust-Versatzstücke im populären Kino stattfindet[4] und einen Teilaspekt der Antwort auch im Bezug auf den *Terminator* ausmachen würde. Dennoch scheint eine solch monokausale Antwort diese Frage nicht hinlänglich zu klären. Im Science-Fiction-Szenario des *Teminators* und in der damit einhergehenden Phantastik von Narration und Bild finden durch das instrumentalisierte Holocaust-Zitat gesellschaftliche Angstphantasien und ihre „Symptome" einen phantasmatischen[5] Niederschlag. Diese sollen mittels einer Filmanalyse herauspräpariert werden, um sich der Frage „Why now?" – „Warum jetzt?" anzunähern.

Die beschriebene Sequenz aus Camerons *Terminator* enthält zunächst für den Zuschauer wichtige narrative Strukturelemente des Bedrohungsszenarios des Films, sie malt die dystopische Diegese aus. An anderer Stelle des Films kann die Phantastik dafür Sorge tragen, *im* Bild den Schauer durch Urängste des Animierens von Unbelebtem zu evozieren, zunächst des Verschmelzens von Mensch und Maschine[6], später, wenn der Terminator, seines Fleisches entledigt, als groteskes Metallskelett umherläuft, des Totentanzes der Technik. An der erwähnten Passage jedoch amalgamiert der Film narrativ spezifische gesellschaftliche Angstszenarien seines Jahrzehnts. Der

---

[4]   Vgl.: Lorenz: „Der Holocaust als Zitat", S. 267 ff.

[5]   Auf den Begriff des „Phantasmas" soll an späterer Stelle genauer eingegangen werden.

[6]   Interessanterweise ist eben dieses Körperbild auch ein Phantasma faschistischer Ästhetik, das in der Science-Fiction eine verzerrte Wiederkehr im Modus des Horrors und der Groteske erhält. Vgl. dazu Walter Benjamins Ausführungen zu Marinettis Manifest zum äthiopischen Kolonialkrieg in: Walter Benjamin: „Das Kunstwerk im Zeitalter seiner technischen Reproduzierbarkeit", in: ders.: *Gesammelte Schriften*. Bd. I.2, Rolf Tiedemann, Hermann Schweppenhäuser (Hg.), Suhrkamp, Frankfurt a.M. 1974, S. 507. Im Folgenden zitiert als: Walter Benjamin: „Das Kunstwerk im Zeitalter seiner technischen Reproduzierbarkeit".

„Zeitzeugenbericht" Kyle Reeses setzt Kraft der Phantastik wie Eingangs beschrieben Versatzstücke des geschichtlichen Holocaust mit einem drohenden Nuklearkrieg in eins. Dass er dies genau in den 1980er Jahren und spezifisch zu einer Zeit atomaren Wettrüstens, der gesellschaftlichen Debatte um das Waffenpotential eines mehrfachen Overkills und ganz besonders der zweifachen Verwendung des Wortes „Holocaust" (zum einen auf die Shoah und zum anderen auf den drohenden nuklearen Konflikt zwischen den USA und der UDSSR bezogen) begeht, erscheint wie eine kinematographische Arbeit am gesellschaftlichen Trauma durch das Science-Fiction-Genre mittels des phantasmatischen Schutzschirms der Phantastik. Der *Terminator* will keine Aussage über Auschwitz treffen, Auschwitz-Versatzstücke sind ihm zum Zeichen für eigene gesellschaftliche Angstphantasien geworden. Warum jetzt (1984) dieser Film? Er ist natürlich Action-Unterhaltung, aber Schusswechsel und Verfolgungsjagden zwischen Figuren können sich in allen möglichen Szenarien entfalten. Die narrative und ikonographische Gestaltung seiner Diegese zwischen zwei „Holocausts"[7] ist das Unterhaltungskino einer posttraumatischen Gesellschaft in Erwartungshaltung.

2.2. Dream-Screen und Trauma-Fabrik

Die Verwendung des Begriffs „Trauma", zumal im Kontext der Filmwissenschaft, bedarf einer Erläuterung. Das Postulieren einer solchen, an späterer Stelle noch genauer zu definierenden „Ästhetik der Dissoziation" im Umgang der Phantastik mit dem Holocaust

---

[7]   Damit soll auf keinen Fall die These der Shoah als singulärem Ereignis in irgendeiner Weise verletzt werden, sondern lediglich das Faktum reflektiert werden, dass sich die Wendung „nuclear holocaust" in den englischen und, übersetzt in den deutschen Sprachgebrauch als „atomarer Holocaust" – so verwendet etwa 1962 von dem Soziologen Erich Fromm (vgl.: Erich Fromm: „Rußland, Deutschland, China – Bemerkungen zur Außenpolitik", in: *Erich Fromm – Gesamtausgabe in 12 Bänden*, Band XI, dtv, München 1999, S. 419-426.) –, nicht zuletzt auch durch das Kino eingebürgert hat. Eine simple Überprüfung der Popularität dieser Begriffskonstellation lässt sich etwa bei der Eingabe „nuclear holocaust" in die Suchmaske von *Google* erahnen: Der Terminus erhält zwei Millionen Treffer und einen eigenen Eintrag im Online-Lexikon (vgl.: http://de.wikipedia.org/wiki/Nuklearer_Holocaust, 29.11.2009, 22:23 Uhr).

setzt voraus, zunächst in einem Exkurs auf das Wechselverhältnis von Kino und Trauma einzugehen, ohne dabei den Anspruch zu erheben, die Debatte im Rahmen dieser Abhandlung vollständig wiederzugeben.

Der Begriff Trauma leitet sich zunächst vom griechischen Wort für Verletzung und Wunde ab und wird im medizinischen Kontext ebenfalls in dieser Bedeutung verwendet. Im hier gemeinten psychologischen Begriffsfeld bezieht er sich jedoch auf eine starke seelische Erschütterung aufgrund des einschneidenden Ereignisses von physischer oder psychischer Gewalt. Zuweilen wird dieses Ereignis ebenfalls als „Trauma" synonym auch als „Schock"[8] bezeichnet, was im allgemeinen Sprachgebrauch bereits zu einer Unschärfe des Begriffs führt. Ein signifikantes Kennzeichen des Traumas ist, dass die traumatisierte Person nur eingeschränkt Zugang zur Erinnerung an die traumatische Erfahrung hat und diese nicht vollständig zu verbalisieren bzw. in eine chronologische oder narrative Ordnung zu bringen vermag. Dies wäre ein Symptom einer durch eine posttraumatische Belastungsstörung ausgelösten Dissoziation. Die Dissoziation wird in der Psychologie als krankhafte Entwicklung beschrieben, in deren Verlauf es zu Fragmentierungen von Gedächtnis-, Denk- und Handlungsabläufen bis hin zu einer Ich-Entfremdung des Subjekts, einer sogenannten Depersonalisierung, kommt.[9] Auch das Überlagern von Bildern, das Verkennen und halluzinative Falsch-Erkennen sind mögliche Folgen posttraumatischer Dissoziation.

Das Phänomen des Überlagerns und Verkennens kann nun sowohl pathologisch als auch funktional beschrieben werden: Um sich dem traumatischen Ereignis zu nähern, sprechen einige Ansätze, die auf die psychoanalytische Schule Jaques Lacans ausge-

---

8   Thomas Elsaesser: „‚Zu spät, zu früh'. Körper, Zeit und Aktionsraum in der Kinoerfahrung", in: *Kinogefühle. Emotionalität und Film*, Brütsch, Hediger, von Keitz, Schneider, Tröhler (Hg.), Schüren, Marburg 2005, S. 435 f. Im Folgenden zitiert als: Elsaesser: „‚Zu spät, zu früh'. Körper, Zeit und Aktionsraum in der Kinoerfahrung".

9   Vgl.: Hans-Jürgen Möller, Gerd Laux, Arno Dreister: *Psychiatrie und Psychotherapie*, Thieme, Stuttgart, 3. Aufl. 2005, S. 242 ff.

richteten sind, von der Struktur des Phantasmas, einem Trugbild des Imaginären, das den traumatischen Inhalt überlagert, seine Bilder abwehrt und umdeutet. Das Phantasma gilt dabei als eine Signifikanten-Struktur, die „die Art und Weise, wie ein Individuum oder gegebenenfalls auch virtuell eine gesamte Kultur den ‚Mangel' empfindet/wahrnimmt und die Richtung, in die das Begehren zielt, strukturiert."[10] Das Phantasma – hier schließt diese Analyse an die Ausführungen Philipp Sarasins zu dem Terminus an – entstehe dabei unter dem Druck der Sprache aus einem verdrängten Kern und organisiere in oft überindividueller Weise grundlegende Wahrnehmungsweisen, Wünsche und Handlungsmuster.[11] Es sei, mit anderen Worten, eine „Matrix des Begehrens", ein „Schema des Wunsches" und ein „Wahrnehmungs-*Plot*", das heißt, in seiner kulturell elaborierten Form eine Geschichte, die immer wieder erzählt und inszeniert werden kann, um Dingen einen Sinn zu verleihen.[12]

Für diese Untersuchung, in der die Kombination aus Filmbild und Narration beizeiten als „phantasmatisch" bezeichnet werden wird, ist vor allem die Vorstellung der Umformung eines wahrgenommenen, unerreichbaren traumatischen Kerns in eine sinnstiftende, von Bildern begleitete Handlung, sowie die Möglichkeit, dieses individualpsychologische Konzept auch als kulturelle Praxis beschreiben zu können, von Interesse.

Sarasin führt diese These am traumatischen, gewalthaltigen Bild des auf dem Marktplatz gemarterten Delinquenten aus, dessen Körper für die Beistehenden kollektiv mit der phantasmatischen, soteriologischen Schutzvorstellung des Leibs Christi überlagert werde.[13]

Das zunächst paradox wirkende Konzept eines „gegenwärtigen Bildes des Abwesenden"[14] erscheint als Analysekategorie fruchtbar, will man sich dem Umstand nähern, dass sich eine ganze bilder-

---

[10] Philipp Sarasin: „Der öffentlich sichtbare Körper. Vom Spektakel der Anatomie zu den ‚curiosités physiologique'", in: *Physiologie und industrielle Gesellschaft*, ders., Jakob Tanner, (Hg.), Suhrkamp, Frankfurt a.M. 1998 S. 435.

[11] Ebd.

[12] Ebd. S. 435.

[13] Ebd. S. 434 f.

[14] Karlheinz Stierle: „Fiktion", in: *Ästhetische Grundbegriffe*, Bd. 2, S. 415.

produzierende Industrie um ein historisches Ereignis, von dem nur
aus der Abwesenheit, der Leerstelle berichtet werden kann, wieder
und wieder aufs Neue bemüht bzw. sich aus seinem Bilderkosmos
bedient.

Michaela Ott spricht etwa davon, dass die zunehmend phantastischen Welten, die das moderne Hollywoodkino ausmachen, aber
auch ihre „lichthaften Überhöhungen des Alltäglichen" sich mehr
und mehr von jenem Konzept des Kinos als „Errettung der Äußer-
lichen Wirklichkeit" entfernen, wie es Kracauer formulierte.[15] Vielleicht bedarf es für die im Bilderkosmos zirkulierenden historischen
Traumata mehr als eines einfachen „Medusenschilds"[16] der Media-
lität, die Anschläge vom 11. September etwa haben unserer Generation bewiesen, dass auch medial vermittelte Bilder traumatisierende
Auswirkungen haben können. Und schließlich hatte auch Perseus
noch das Schwert des Hermes, um dem Grauen zu begegnen: filmische Phantasmen, die die Bilder des Zivilisationsbruchs in eine
Handlung einbetten und von Menschlichkeit und der Überwindung
des Grauens erzählen, köpfen die Medusa zumindest in der Fiktion.

Die Vorstellung des „phantasmatischen Schutzschirms" auf die
Darstellung der Shoah zu übertragen, leistet etwa Slavoj Žižek in seiner Analyse von Roberto Benignis Holocaust-Tragikomödie *La Vita
È Bella*.[17] Auch Joachim Paech diagnostiziert angesichts der verein-
nahmenden Filmproduktionen, die geradezu darum drängen, sich
um den traumatischen Kern zu lagern und eine „innere Erfahrung
Holocaust" als Simulakrum zu erzeugen:

„Wenn der Ort der ,ent/setzten Erinnerung' das Phantasma ist, wo das,
was nicht vorstellbar und nicht darstellbar und von der Erinnerung nicht
erreichbar ist, dennoch zu einer Geschichte werden kann, dann können
sich dort auch illegetime Erzählungen anlagern oder einschmuggeln".[18]

---

[15] Vgl.: Michaela Ott: *u. a. Hollywood. Phantasma/Symbolische Ordnung in Zeiten des
      Blockbuster-Films*, edition text + kritik, Boorberg, München 2005, S. 7.
[16] Siegfried Kracauer: „Das Haupt der Medusa", in: (ders.): *Theorie des Films*, Suhr-
      kamp, Frankfurt a. M. 1985, S. 395 f.
[17] Slavoj Žižek: „Camp Comedy", in: *Sight and Sound*, Heft 4, April 2000, S. 26-29.
      Im Folgenden zitiert als: Žižek.
[18] Joachim Paech: „Ent/setzte Erinnerung", in: *Die Shoah im Bild*, Sven Kramer

Gerade in seiner sinngebenden Form erscheint diese Matrix der Signifikanten der Wunsch- und Schutzvorstellungen für die Holocaust-Filmerzählung zugleich treffende Analysekategorie als auch Kern der Problematik der Holocaust-Darstellung: Die Filme suchen für den Zuschauer den sinngebenden Plot, die Geschichte vom Überleben, vom schützenden Vater, von der Zerstörung der Inkorporation des Bösen und vom Wiederherstellen der Ordnung nach der Barbarei am Ende der Narration inmitten des „schwarzen Kastens des Erklärens"[19], des singulären, historischen Ereignisses, das sich als Zivilisationsbruch jeglichen Sinn- und Plotstruktur in der Geschichte entzieht.[20] Im Folgenden soll in dieser Abhandlung davon ausgegangen werden, dass eine solche Funktion in Anlehnung an die psychoanalytische Kategorie des Phantasmas auch die Versatzstücke des Holocaust im Genre der Phantastik organisiert.

Die wissenschaftliche Debatte um die Darstellung des Holocaust im Film entlehnt sich nun nicht unproblematisch jene Termini, *Trauma*, *Phantasma*, sowie hier *Dissoziation*, aus der klinischen Psycholo-

---

(Hg.), edition text + kritik, Boorberg-Verlag, Augsburg 2003, S. 18 f. Im Folgenden zitiert als: Paech.

[19] „Auschwitz ist ein Niemandsland des Verstehens, ein schwarzer Kasten des Erklärens, ein Deutungsversuche aufsaugendes, verschlingendes Vakuum. Nur durch Reaktion auf diesen Zivilisationsbruch können wir erahnen, um welches Ereignis es sich gehandelt haben könnte. Als Extremfall, als Maß der Geschichte ist dieses Ereignis kaum historisierbar. Ernst gemeinte Historisierungsbemühungen enden in einer geschichtstheoretischen Aporie. Aber auch die Aporie als solche ist der Erforschung wert. Vielleicht kommen wir dadurch einem Verstehen etwas näher, ohne es jedoch jemals wirklich erreichen zu können. Anders gemeinte, exkulpatorische Historisierungsversuche hingegen münden notgedrungen in Apologie." Vgl.: Dan Diner: „Zwischen Aporie und Apologie. Über Grenzen der Historisierbarkeit der Massenvernichtung", in: *Babylon. Beiträge zur jüdischen Gegenwart*, 1987, Heft 2, S. 33.

[20] Für die Holocaust-Tragikomödie wurde sehr treffend an verschiedenen Stellen dargelegt, dass wiederum ihre legitime Strategie darin besteht, das Phantasmatische ihrer Geschichte bewusst auszustellen. Vgl.: Žižek, S. 26-29 oder Anja Oster, Walter Uka: „Der Holocaust als Filmkomödie", in: *Die Shoah im Bild*, Sven Kramer (Hg.), edition text + kritik, Boorberg-Verlag, Augsburg 2003, S. 262 ff, im Folgenden zitiert als: Anja Oster, Walter Uka: „Der Holocaust als Filmkomödie", oder Silke Wenk: „LA VITA È BELLA zwischen Medienreferenz und ‚Postmemory'", in: *Lachen über Hitler – Auschwitz-Gelächter?*, Margrit Frölich, Hanno Loewy, Heinz Steinert (Hg.), edition text + kritik 2003, S. 212 f.

gie und Psychoanalyse. Während Hayden White davon spricht, der
„deutsche Genozid" an den europäischen Juden und andere „holocaustal events" funktionierten im Bewusstsein bestimmter sozialer
Gruppen analog zum kindlichen Trauma in der Psyche des Neurotikers,[21] verweist etwa Thomas Elsaesser darauf, dass es eine unzu-
lässige Vereinfachung sei, von einem einzigen Traumabegriff aus-
zugehen oder behaupten zu wollen, seine Funktion in der Kultur
ließe sich jenseits spezifischer politischer und ideologischer Debatten definieren.[22] Auch ist mir durchaus bewusst, dass der Terminus
„Trauma" in seinen drei Permutationen, von der physischen Wunde
eines Individuums zur psychischen, von der psychischen Wunde eines Individuums zur historischen eines Kollektivs als wissenschaftliche Analysekategorie einen stark metaphorischen Charakter hat.
Diese Untersuchung soll die Gratwanderung zwischen der unscharfen Kategorie eines gesellschaftlichen Traumas und dessen Wechselverhältnis zum Traumatischen als „popular cultural script"[23], dem
Einschreiben des historischen Traumas in die kulturellen Erzeugnisse einer Gesellschaft, wagen.

Zuletzt soll an dieser Stelle noch darauf hingewiesen werden,
dass die hier zum Thema gewählten Filme keineswegs Antworten
auf ein Holocaust-Trauma erster Ordnung sind, sondern allenfalls
diejenigen Generationen ansprechen, die die Shoah bereits medial
vermittelt bekamen und gegebenenfalls von ihren überlieferten Do-
kumentarbildern „Gewalt erfahren" haben.

Doch bevor die eigentliche Analyse jener Wiederkehr der Bilder
beginnen kann, soll zunächst eine spezifisch ästhetische Kategorie
im Umgang mit dem Grauen fokussiert werden.

In die Ontologie der kinematographischen Apparatur selbst hat
sich eine Form des Traumas eingeschrieben, die sich abgelöst vom
Filminhalt darstellt. Dass der Film Bilder der Gewalt und trauma-

---

[21] Hayden White: „Das Ereignis der Moderne", in: Eva Hohenberger, Judith Keil-
      bach (Hg.): *Die Gegenwart der Vergangenheit*, Vorwerk 8, Berlin 2003, S. 197 f. Im
      Folgenden zitiert als: Hayden White: „Das Ereignis der Moderne".
[22] Elsaesser: „‚Zu spät, zu früh'. Körper, Zeit und Aktionsraum in der Kinoerfah-
      rung", S. 436.
[23] Radstone: S. 189.

tische Inhalte repräsentieren und somit mit dem psychologischen und physiologischen Puffer des Mediums für den Zuschauer erfahrbar machen kann, das hat er zunächst – sehen wir vorerst von dem Sonderstatus der Indexikalität seines Bildmaterials ab, der einen zu berücksichtigenden Faktor darstellen muss – mit anderen Künsten wie Theater, Malerei und Literatur gemein. Begriffe wie die der Katharsis bei Aristoteles, das Erhabene in der Kunst bei Kant, das „Abjekte" nach Kristeva oder etwa das „Medusenschild" nach Kracauer sind um diese Konstellation bemüht. Anders jedoch als bei anderen Kunstformen ist das Medium Film selbst eine Erfindung, die sowohl eine beginnende Epoche markiert, als auch deren Lebensgefühl der Beschleunigung, des Schocks und des Traumas einerseits ästhetisch wiedergibt andererseits aber auch auslöst. In der Studie „Das Zeitalter der Nervosität" des Historikers Joachim Radkau, einer Analyse zur Diskursgeschichte der Nervosität und des Phänomens der Neurasthenie, gilt neben anderen Phänomenen der Moderne auch das Kino als Element, das nicht nur auf die Großstadterfahrung und das Zeitgefühl des Subjekts in der Moderne von Beschleunigung, Stress, Nervosität und Dissoziation reagiert sondern diese durch seine Ästhetik erst generiert: „Und gerade die Jahrhundertwende war eine Zeit, in der das neue Tempo nicht nur von außen kam, sondern in einem Maße wie nie zuvor verinnerlicht wurde: durch Fahrrad und Auto, durch Sport und Film."[24] Damit soll hier keinesfalls eine konservative medienkritische These vertreten werden, die davon ausgeht, dass von Film und Filminhalt Nervenschädigungen und psychische Störungen ausgelöst werden, wie es bereits der Psychologe und Zeitgenosse des frühen Kinos Robert Gaupp beschrieb, und die in der einen oder anderen Form bis in die heutige Zeit im Diskurs um Medien wiederauflebt. Lediglich soll der Film in seiner Eigenschaft betrachtet werden, ebenso wie die Eisenbahn, das Automobil, das Fließband und die Großstadterfahrung neue Wahrnehmungskategorien für das Subjekt der Moderne geschaffen zu haben, die gleichermaßen als zutiefst stimulierend als auch als verstö-

---

[24] Joachim Radkau: *Das Zeitalter der Nervosität – Deutschland zwischen Bismarck und Hitler*, Carl Hanser Verlag, München, Wien 1998, S. 25.

rend empfunden wurden.[25] Die Affinität von Kino und Gewalt wird
hier noch vor Begrifflichkeiten psychoanalytischer Filmtheorien von
sadistisch-voyeuristischer Schaulust in Bezug auf den dargebotenen
Inhalt in der filmischen Struktur selbst gesucht.

Auch in Walter Benjamins bekanntem „Kunstwerk-Aufsatz"
wird das Verhältnis von Film und Schock reflektiert, wenn er bemerkt, dass durch Filmbilder Assoziationsabläufe je unterbrochen
werden können und Benjamin dem Kino eine „Chockwirkung" [sic!]
attestiert, „die durch gesteigerte Geistesgegenwart aufgefangen sein
will".[26]

Das frühe „Kino der Attraktionen" – der Begriff wurde von
Tom Gunning geprägt – wird als eine Aneinanderreihung visueller
Schocks eines Varieté-Programms beschrieben, das auf größtmögli-
chem Kontrast des Dargebotenen, auf „dem Prinzip perzeptueller
und affektiver Diskontinuität"[27] basiert. Von der Abfolge der einzelnen Nummern ging das Prinzip der filmischen Schnitte *in* den
Film über, ein Prinzip, das die Avantgarde nutzte, um raumzeitli-
che Koordinaten und damit an individuelle Subjektivität angelehnte
Wahrnehmungskategorien zu sprengen. Der kommerzielle Spielfilm
dagegen entwickelte ein System des „continuity editing"[28], um das
dissoziative Potential des Schnitts zu bändigen und eine Vorstellung
von raumzeitlicher Kontinuität mit den narrativen Möglichkeiten
der Montage zu verbinden. Dabei verschleiert der auf „continuity
editing" basierende Film zugunsten der Möglichkeiten einer erhöh-
ten Illusionskraft und Narrativität, dass seine Struktur sich aus dem
Abwesenden in Zeit und Raum durch Schnitt und Hors-Champ generiert.

Jener dissoziative Effekt, der auf den Zuschauer einwirkt, wenn
das „continuity system" verletzt wird, kann nun aber genau dann

---

[25] Miriam Bratze-Hansen: „Dinosaurier sehen und nicht gefressen werden: Kino
      als Ort der Gewalt-Wahrnehmung bei Benjamin, Kracauer und Spielberg", in:
      Gertrud Koch (Hg.): *Auge und Affekt*, Fischer, Frankfurt a. M. 1995, S. 254. Im
      Folgenden zitiert als: Bratze-Hansen.
[26] Walter Benjamin: „Das Kunstwerk im Zeitalter seiner Technischen Reproduzier-
      barkeit", S. 503.
[27] Ebd.
[28] Ebd.: S. 255.

zum Vorteil gereichen, wenn sich traumatische Form mit traumatischem Inhalt decken soll.

Ich gehe im Folgenden von einer „Ästhetik der Dissoziation" aus, die das Kino und speziell die Filmsprache des Horrorfilms entwickelt hat und die sich *innerhalb* eines Films gegen die konventionellen Regeln des Erzählens wendet, um Momente von Horror, Terror und Schock mit einer korrespondierenden Bild- und Tonästhetik zu begleiten. Hierbei brechen Kinoästhetiken jenseits des konventionellen Erzählens in das „continuity system" ein, das in diesen Fällen als stellvertretend für eine gewöhnliche Wahrnehmung verwendet wird. Die psychologische Kategorie der Dissoziation, auf die mein Begriff sich hierbei stützt, geht auf das lateinische Wort für Trennung zurück und bezeichnet eigentlich, wie eingangs dargelegt, eine krankhafte Entwicklung der Psyche aufgrund traumatischer Erlebnisse, in deren Verlauf zusammengehörende Denk-, Handlungs-, oder Verhaltensabläufe in Einzelheiten zerfallen und sich der Kontrolle des Patienten entziehen. Das Kino bricht in der „Ästhetik der Dissoziation" korrespondierend mit dem „continuity-editing" des Raums, mit der Verortung von Blicken, die sich Figuren annähern, ohne von Subjektiven sprechen zu müssen, oder mit dem narrativen Sinngehalt der Einstellung, wie etwa dem Fragmentieren von gezeigten Objekten, deren Bedeutung für den narrativen Zusammenhang unklar ist. Wohlgemerkt ist dies eine Ästhetik *innerhalb* eines mehr oder weniger nach den Regeln des konventionellen Erzählens aufgebauten Films, die Momente innerdiegetischen Horrors begleitet und sich aus anderen Kinoästhetiken, wie der des frühen Kinos, des Experimentalfilms, des Impressionismus, des Surrealismus oder des deutschen Expressionismus speisen mag.[29]

---

[29] Vgl. zu dieser These Hartmut Winklers Annahmen zum filmischen Raum in den Thrillern Hitchcocks, der sich zugunsten des agoraphobischen, des klaustrophobischen oder des labyrinthischen Raums bewusst gegen den „Feldherrenhügel" des Renaissanceraums klassischer, filmischer Erzählweise wendet. Dies diente dazu, „Raum-Ängste" im Publikum zu evozieren. Hartmut Winkler: *Der filmische Raum und der Zuschauer*, Karl Winter, Heidelberg 1992, S. 97 ff. Vgl. weiter zu dieser These David Bordwells Annahmen zur stilistischen Beeinflussung der Horrorfilmästhetik Hollywoods durch den französischen Impressionismus und den deutschen Expressionismus und Tom Gunnings Vergleich des frü-

So postuliert etwa Susannah Radstone in ihrem Aufsatz zu Trauma und *Screen Studies* in der *Screen* von 2001, das Trauma habe sich zu einem „popular cultural script"[30] entwickelt. Sie stellt im Folgenden die Frage, ob die Beziehung zwischen den audiovisuellen Medien und dem Trauma sich primär in Narration, *Mise en scene* oder im Wechselverhältnis von Film und Zuschauer generiere.[31]

Diese Untersuchung erhebt nicht den Anspruch, diese Fragen abschließend zu klären. Lediglich stellt der Versuch einer Analyse der Holocaust-Vexierbilder im Milieu der Phantastik und der Wechselwirkungen des Horrorgenres mit der Darstellung der Shoah im Film die Frage, ob es sich neben der bloßen exploitativen Haltung dieser Filme und dem noch darzulegenden Problem der Mythisierung eben auch um eine Form von Arbeit am Trauma handeln könnte, oder ob der Modus des Grotesken des Exploitationkinos und der Mythisierung gar phantasmatische Formen der Traumaarbeit des Films sind. Daher soll im Folgenden untersucht werden, wie die Sprache des Horrors mit dem Trauma auf der Leinwand in Verbindung steht.

Edward J. Ingebretsens, Associate Professor für American Cultural Studies, betont in der Einleitung der Studie *Frames of Evil – The Holocaust as Horror in American Film* den Ursprung des Horrorgenres in den Gothic Novels des 18. Jahrhunderts, wie *The Castle of Otranto* (1764) von Horace Walpole oder *Mysteries of Udolpho* (1794) von Ann Radcliff[32], von denen aus man zwar keine teleologische Ontologie, dennoch ein starkes intermediales Wechselverhältnis über Mary Shelley, E. T. A. Hoffmann und Edgar Allen Poe zur Stoffwahl des deutschen expressionistischen Films, zu Tod Browning, zu H.

---

hen Spektakel-Kinos mit dem modernen Blockbuster. David Bordwell, Kristin Thompson: *Film Art – An Introduction*, 7th ed., McGraw-Hill, New York, 2004, S. 474 sowie S. 477. Tom Gunning: „Das Kino der Attraktionen. Der frühe Film, der Zuschauer und die Avantgarde", in: *Meteor* 04/96, S. 34.

30 Radstone: S. 189.
31 Ebd.
32 Edward J. Ingebretsen: „Introduction", in: Caroline Joan (Kay) S. Picart, David A. Frank: *Frames of Evil. The Holocaust as Horror in American Film*, Southern Illinois University Press, Carbondale 2006, S. xiii. Im Folgenden zitiert als: Ingebretsen.

P. Lovecraft, zu den B-Filmen der 50er, den Trash-Produktionen der 70er, zu Robert Bloch, Stephen King und dem aktuellen Horrorkino beschreiben kann. Ingebretsen betont die spezielle Form der Gothic Novel, die von Geistererscheinungen, Transformationen, Metamorphosen, verschwindenden und wiedererscheinenden Objekten und Personen oder Illusionen und Halluzinationen handelt. Dieses Genre spricht – so Ingebretsen – die Sprache des Unaussprechlichen, der verletzten Psychen und Körper, des Traumas.[33] Das Vergessen, das falsch Erinnern, Verdrängen, Verschieben, Imaginieren sind obligatorische Versatzstücke des Horrors, der Science-Fiction, der Phantastik. Nicht nur innerdiegetisch neigen die Protagonisten in realistischen Varianten zu Psychosen, Drogenträumen, Sadismus und Wahn, während die Varianten des Genres, in deren Diegese das Phantastische existiert, sich bei der Kreation ihrer Chimären psychoanalytischer Kategorien der Verdrängung, Verdichtung und Verschiebung bedienen. Horrornarrative stellen einen Plot für das traumatische Ereignis bereit, wo (zumindest paradigmatische) Horrorfilme eine Filmsprache des Traumas ausgebildet haben.

Dass ausgerechnet die Repräsentation des Holocaust ein Fenster zu dieser Form des Erzählens aufweist, erscheint vor diesem Hintergrund um so problematischer, muss die Shoah doch auf jeden Fall als Teil der realen Welt, als historisches Ereignis, als Erinnerung vor dem Verschwinden, dem Falsch-Erzählen, dem Mythisieren bewahrt werden. Dennoch erscheint die Frage nach der Sprache des Traumas, wie Ingebretsen sie für die Gothic Novel postuliert, bei der Untersuchung der Korrelation zwischen der Darstellung des Holocaust und dem phantastischen Genre fruchtbar zu sein, nicht zuletzt gilt seine Bildsprache auf verschiedenen Ebenen, der individualpsychologischen (Carol J. Clover[34]) wie der gesellschaftlichen (Robin

---

[33] Ebd.
[34] Vgl.: Carol J.Clover: *Men, Women and Chainsaws*, Princeton University Press, Princeton, New Jersey, 1992. Im Folgenden zitiert als: Clover.

Wood[35]) als Wiederkehr des Verdrängten im Gewand des Phantasma.

Genau den Status der Erinnerung, die im traumatisch Dissoziativen ein unkontrollierbares Eigenleben entwickelt und zur Heimsuchung aufgrund der Verdrängung des vergangenen Horrors werden kann, bei der Sprache und Symbolisierungen zu versagen drohen, hat die Diskursivierung der Shoah mit der Sprache des Horrors gemein. Die Traumata des Realen verlangen bereits bestehende Narrationsschablonen, Geschichtsschreibung basiert auf gesellschaftlich gestützten Plotstrukturen.[36] Da angesichts der Verbrechen des Holocaust all dies zu versagen droht, besteht offenbar *eine* Strategie des Erzählens darin, Dämonen auf den Plan zu rufen.

---

[35] Vgl.: Robin Wood: „The American Nightmare: Horror in the 70'", in: Mark Jancovitch (Hg.): *Horror. The Film Reader*, Routledge, London, New York 2002, S. 25 f. Im Folgenden zitiert als: Wood.

[36] Hayden White: „Interpretation und Geschichte", in: *Auch Klio dichtet oder: Die Fiktion des Faktischen*, (ders.), Klett, Stuttgart 1991, S. 92 ff.

3. Shoah und Hölle

Nazi-Deutschland ist zu einem Mythos geworden. Es nimmt im kollektiven Bewußtsein ziemlich genau den Platz ein, wo einmal das war, was mit dem Verfall religiöser Vorstellungswelt obsolet geworden ist: die Hölle.[1]

Reinhold Rauh, Filmpublizist

3.1. Ein kurzer Gedanke über die Vermessung der Hölle

1587 lädt die Florentiner Akademie der Wissenschaften den Mathematiker Galileo Galilei zu einem Disput über die Vermessung der Hölle anhand Dante Alighieries „Göttlicher Komödie" ein. Galilei wird eine präzise Auftragsarbeit abliefern, in welcher er mit Informationen aus Dantes Text geometrische Abstraktionen ableitet, die den imaginären Raum der Hölle mit seinen Kreisen und Schichtungen mit wissenschaftlicher Akribie zugleich als real zu fixieren versuchen als auch als unmöglichen Realraum aus der Welt exterritorialisieren.[2]

Bildmedien, vom Gemälde über den Film bis zum Computerspiel, sind nun an eben diesem imaginären Ort interessiert und begehen „Vermessungen der Hölle" in ihren virtuellen Räumen. Sie erscheinen von Hyronimus Bosch über Gustave Doré, Auguste Rodin, Jake und Dinos Chapman, Bertolini und Padovans Stummfilm *L'Inferno* aus dem Jahr 1911, Vincent Wards *What Dreams May Come* bis zu Francis Lawrences Comic-Verfilmung *Constantine*, der Konami-Computerspielreihe *Silent Hill* oder EA Games' *Dante's Inferno* gespeist von Schreckensvisionen, die in all ihrer Phantastik dennoch als aus dem Schrecken des Diesseits zusammengesetzt erscheinen. Keine Höllenfolter kann imaginiert werden, die nicht eine Rückbindung an vorstellbare Leiden der Realwelt beinhaltet. Selbst

---

[1]   Zitiert nach: Marcus Stigelgger: *Sadiconazista. Faschismus und Sexualität im Film,* S. 40.

[2]   Galileo Galilei: *Sidereus Nuncius. Nachricht von neuen Sternen: Dialoge über die Weltsysteme (Auswahl). Vermessung der Hölle Dantes. Marginalien zu Tasso.* Hans Blumenberg (Hg.), Suhrkamp, Frankfurt a. M. 1980.

die irrealen Strafen der Sünder aus Dantes Hölle, die sich in Bäume verwandeln, deren Äste gebrochen werden, tragen lediglich das phantastische Gewand der Angst vor den Schmerzen der zerschmetterten Knochen oder einer verschorften Wunde, die erneut aufgerissen wird. So erscheinen die Höllenqualen als Konglomerate und Collagen der Grausamkeiten des Diesseits mit dem Surplus der (unvorstellbaren) Drohung zeitlicher Unendlichkeit.

Aktuelle popkulturelle Ansätze der Darstellung der Hölle in Film oder Computerspiel verbleiben in ihrer Struktur zumeist inspiriert von den Imaginationen von Dante oder Bosch, erweitern jedoch ihre Ikonographie um die Schrecken, die das 20. Jahrhundert geprägt haben. Die Höllen der Comic-Verfilmungen *Hellboy* und *Constantine* etwa zeigen postapokalyptische Landschaften mit zerstörten Wolkenkratzern, die an die Auswirkungen einer Atombombe erinnern. Christophe Gans' filmische, auf der Ikonographie der gleichnamigen Computerspielreihe basierende Imaginationen der Stadt *Silent Hill*, die ebenfalls den Territorien der Hölle zuzurechnen wäre, zeigen Luftschutzsirenen, Gasmasken, einen stetigen Ascheregen und Stacheldrähte, in denen sich zerstörte Körper verfangen haben. Traumatische Ikonen des kollektiven Bildgedächtnisses der Schrecken des zweiten Weltkriegs schreiben sich hier in popkulturelle Vorstellungen der Hölle ein, und auch das Analysemotiv dieser Arbeit, die Ikonographie der Shoah, geht – so soll aufgezeigt werden – ein Wechselverhältnis mit diesen Höllenvorstellungen ein.

„Die Hölle von Auschwitz– es ist nicht nachweisbar, wer diese Wendung geprägt hat, sie ist in den Alltagsgebrauch eingegangen, sagt man doch von allem Möglichen, von traumatischen geschichtlichen Ereignissen wie „der Hölle von Verdun" bis hin zu profanen Dingen wie der Klage über einen ermüdenden Arbeitstag „Heute war es die Hölle … ". Und natürlich, der Vergleich mag zunächst nahe liegen: Das System der Konzentrations- und Vernichtungslager umfasst nicht nur ein benennbares Haus, einen Ort, sondern ganze Quadratkilometer von Territorien der Folter und des Todes, eine die Imagination und Darstellbarkeit überschreitende Vorstellung von finsteren Gestalten mit Totenkopfemblemen an ihren Uniformen, die Tausende und Zehntausende quälen und morden.

Dennoch, so wurde bereits auf dem Gebiet der Literaturanalyse beschrieben,[3] verbleibt in der Metaphernrede des Dämonischen – eingedenk dessen, dass Metaphern eben nicht nur der Versuch sind, ein poetisches Bild oder eine elegante Hilfskonstruktion zum Vergleich zu finden, sondern nach Lacan die Möglichkeit des *„peut-dire-quelque-chose-en-disant-autre-chose"*[4] eröffnen, also quasi Schnittstellen (im positiven) und Brückenköpfe zur Eroberung (im negativen) verschiedener Diskurse darstellen können[5] – stets ein unaufgelöster Rest, der diese Wendung, „die Hölle von Auschwitz", mit all ihren Ausformungen und Variationen trotz ihrer verurteilenden Haltung mit einem schalen Beigeschmack versieht: In die Hölle kommen nach dem christlichen Glauben – wie auch in allen anderen Religionen, die ein Höllenkonzept haben – Sünder, Menschen, mit denen man im besten Fall (nicht so Dante[6]) Mitleid empfindet, die aber in ihrem Leben eine Tat begangen haben, die sie im Leben nach dem Tod zu einer ihnen zugedachten Strafe verurteilt, welche sie nach göttlicher Ordnung verdienen und die zuweilen in irgendeiner Weise ihre Sünde spiegelt. In Dantes Hölle bestrafen Dämonen die Schuldigen, wie etwa Judas im innersten Kreis, und dienen dabei einer göttlichen Ordnung, die diesen Nicht-Ort strukturiert. Dass aber die „Hölle von Auschwitz" jenseits irgendeines judiziellen Prinzips funktionierte, muss hier wohl kaum ausgeführt werden.

Das folgende Kapitel soll den Vergleich von Hölle und Shoah, auf den filmische Annäherungen an ihre Repräsentation immer wieder Bezug nehmen, zunächst vor dem Hintergrund frühester Ver-

---

3 Vgl.: Thomas Taterka: *Dante Deutsch*, Erich Schmidt, Berlin 1999. Im Folgenden zitiert als: Taterka.

4 Jaques Lacan: *Le séminaire, livre III: Les psychoses*, Paris: Seul 1973, S. 255.

5 Vgl. Phillip Sarasins Ausführung zu Metapher und gesellschaftlichem Trauma in: Phillip Sarasin: *Anthrax. Bioterror als Phantasma*. Suhrkamp, Frankfurt a. M. 2004, S. 14 f … Verwiesen sei auch auf die Beobachtungen des Verhältnisses des vermehrten Aufkommens von Metaphern in Dekaden großer Umbrüche und des Kollabierens etablierter Symbolsysteme nach großen Katastrophen. Vgl: Detlef Hoffmann: „Symbolisierungen im Umgang mit dem System Auschwitz" in: *Die Shoah im Bild*, Sven Kramer (Hg.), edition text + kritik, Boorberg-Verlag, Augsburg 2003, S. 176 f. Im Folgenden zitiert als: Hoffmann.

6 Dante Alighieri: *Die Göttliche Komödie*, Bechtermünz Verlag 2000, Achter Gesang, S. 46. Im Folgenden zitiert als: Dante.

suche der Diskursivierung der Verbrechen des Nationalsozialismus untersuchen, um dann filmanalytische Beispiele näher zu fokussieren.

3.2. Auf der Suche nach Worten

Als die alliierten Truppen im April und Mai 1945 die ersten Konzentrationslager befreiten, hatte man wohl von diesen Einrichtungen, von sadistischen, drakonischen Strafen und von einer menschenunwürdigen Behandlung der Insassen gehört. Was die Befreier aber an Orten wie Buchenwald, Bergen-Belsen, Dachau oder Mauthausen vorfanden, überstieg selbst das, was man an grausamem Potential in den Feind hineinprojizieren konnte, entzog sich – so kann man es aus Berichten amerikanischer Soldaten herauslesen – zuweilen gar der Sprache selbst.[7] Um auf das Eindringen von Verwirrung, Zorn, Mitleid, Abscheu, Ekel, kurz auf die traumatische Erfahrung, zu reagieren, die selbst auf die hartgesottenen und die Grausamkeit militärischer Kämpfe gewohnten amerikanischen Soldaten einbrach, griffen viele der Befreier zur Kamera, wohl, um durch das Objektiv einen Filter zwischen sich und die Realität zu bringen und natürlich um Beweise für Taten festzuhalten, für deren Ausmaß es in der Sprache an Worten mangelte.

„Der Akt des Fotografierens ermöglichte ihnen, hinzuschauen und doch auf Distanz zum Grauen zu gehen. Der Blick durch den technischen Apparat bewahrte vor körperlicher Berührung und konnte einen Schutz vor der Erfahrung eigener Ohnmacht gewähren, ohne dass man sich die Hilflosigkeit nun unbedingt hätte eingestehen müssen. Im Gegenteil: Die so geschaffene physische Distanz, die aus den toten und halbtoten Häftlingen „betrachtete Objekte" machte, gestattete es, das eigene Tun in bekannte „vernünftige" Wahrnehmungs- und Verhaltensweisen zu integrieren: Man müsse ein Dokument, ein Zeugnis herstellen, hieß es, damit auch in Zukunft niemand die Taten abstreiten könne, oder: um die Öffentlichkeit zu informieren, müsse man ein wichtiges Ereignis festhalten".[8]

---

7   Vgl.: Cornelia Brink: „Bilder vom Feind", in: *Die Shoah im Bild*, Sven Kramer (Hg.), edition text + kritik, Boorberg-Verlag, Augsburg 2003, S. 51. Im Folgenden zitiert als: Brink.

8   Ebd.: S. 52.

Nach den Amateurfotografen unter den Befreiern kamen bald in offiziellem Auftrag der Alliierten militärische und zivile Fotografen zur Dokumentation hinzu, die sich, ähnlich wie die Amateure, vor die unmögliche Aufgabe gestellt sahen, ein bildliches Zeugnis von Gräueln zu liefern, deren Umfang, Irrsinns- und Irrealitätscharakter sich den Möglichkeiten der Sprache zu entziehen schien. So schreibt die Fotografin Margaret Bourke-White über ihre Dokumentation zwei Tage nach der Befreiung von Buchenwald:

„Dieser Apriltag in Weimar hatte etwas Unwirkliches, ich fühlte etwas, woran ich mich hartnäckig festklammerte. Ich sagte mir ständig vor, ich würde erst dann an das unbeschreiblich gräßliche Bild in dem Hof vor mir glauben, wenn ich meine eigenen Photos zu sehen bekäme. Die Kamera zu bedienen war fast eine Erleichterung, es entstand dann eine schwache Barriere zwischen mir und dem bleichen Entsetzen, das ich vor mir hatte".[9]

Diese Bilder wurden von „Armeegruppenzeitungen", nach dem 8. Mai 1945 von alliierten Lokalzeitungen in illustrierten Artikeln zur Aufklärung der deutschen Bevölkerung veröffentlicht. Fotobroschüren sowie Plakate in Schaufenstern und an Anschlagtafeln zeigten Bilder der Verbrechen – genauer gesagt der Resultate der Verbrechen – in den Vernichtungslagern, von denen die angloamerikanische Psychological Warfare Division (PWD) angenommen hatte, dass sie die Erfahrungen und Eindrücke von den Lagern, die die Befreier gemacht hatten, in Bildsprache übersetzen würden und so als politisches Aufklärungskonzept fungieren könnten. Wie diese Bilder tatsächlich aufgenommen wurden, ist schwer zu rekonstruieren. Die zeitgenössischen Außenansichten und Schilderungen lassen jedoch bei weiten Teilen der deutschen Bevölkerung, die sich selbst als Opfer des Krieges wahrnahm, auf eine ablehnende, ignorierende, relativierende und ungläubige Haltung schließen.[10]

Eines dieser Aufklärungsplakate zeigt vier Fotografien aus dem Konzentrationslager Dachau: ein auf dem Boden kauernder, abgemagerter Häftling in Nahaufnahme, zwei Krematoriumsöfen mit geöffneten Klappen, ein Stapel teils bekleideter, teils nackter Lei-

---

9   Zitiert nach Cornelia Brink, in: Brink: S. 53.
10   Ebd.: S. 55.

chen auf einem Strohhaufen und einen Leichenberg, in dem ein Ge-
wirr dünner, durch Hunger entstellter Gliedmaßen dominiert. Die
Überschrift verbindet Dachau mit den imaginären Territorien des
Bösen: „Dachau-Konzentrationslager Inferno", etwas kleiner darunter „bringt Nazi-Grausamkeiten ans Tageslicht".[11]

„Diese Praxis musste zu einem unauflösbaren Wiederspruch führen, der
die gesamte Fotoberichterstattung über die Lager durchzog. Während Ar-
tikelüberschrift und Bildunterschriften das Geschehen durch religiöse Attribute zu bannen versuchten – vom „Inferno" ist die Rede, in anderen
Berichten von der „Hölle des Faschismus" oder der „Welt des Satans", SS-
Wachmannschaften und führende Nationalsozialisten treten auf als viehi-
sche, tierische Verbrecher, als Bestien und Sadisten, Nahaufnahmen von
Überlebenden und Toten rücken das Geschehen ganz aus Raum und Zeit –
sollte das Medium Fotografie bezeugen, dass das Entsetzliche tatsächlich
geschehen war".[12]

Cornelia Brink beschreibt in ihrem Aufsatz über „Das Scheitern der
visuellen Entnazifizierung 1945", wie man auf der Suche nach Dis-
kurisvierungsschablonen für die grauenvollen Dokumente begann,
innerhalb der Aufklärungs- und Entnazifizierungsprogramme der
Alliierten eine Sprache in Bezug auf die Verbrechen des Holocaust
anzuwenden, die den Rezipienten half, den Holocaust zu „exterritorialisieren",[13] ihn als Verbrechen einer „Inkarnation des Bösen"[14]
zu betrachten. Sie beschreibt, wie etwa auf den Aufklärungsplaka-
ten zu den Verbrechen in Dachau das Foto eines Verbrennungsofens
zugleich das Vorgefundene dokumentarisch sachlich erfasst, visu-
ell die Brücke zu den Überschriften schlägt und zur Projektionsfläche für jene Schreckensphantasien wurde, die die Rede von der
„Hölle" eröffneten. Die Traumata des Realen suchten sich bestehende Schablonen der Narrativisierung, und bezeichnenderweise ver-
mochte offenbar allein noch das Konzept der „Hölle", sinnstiftende
Zusammenhänge zu vermitteln:

---

11 Vgl.: Brink, S. 56.
12 Ebd.
13 Ebd. S. 63.
14 Ebd. S. 57.

„Deren Anblick [der Fotografien der Leichenberge] brachte alle vertrau-
ten Klassifikationen durcheinander; männlich und weiblich, jung und alt,
Schönes und Hässliches, Menschliches und Tierisches vermischten sich.
Die Bilder zeigten eine Zone des Unnatürlichen, die Schrecken erregend
und grotesk schien. Bildunter- und -überschriften sowie Textkommentar
verlegten, was auf den Fotografien zu sehen ist, in eine andere Welt. So
wurden die Fotos zu Bildern der Hölle, als habe die Barbarei nicht in, sondern außerhalb der oder gegen die Zivilisation stattgefunden".[15]

Die frühste Verbindung zwischen dem traumatischem Bild der Lager und dem Versuch, eine Überschrift dafür zu finden, ist Ausdruck des unzulänglichen Vorrats an Begriffen, der nicht vorhande-
nen „Struktur des Bekannten", der kulturell nicht gestützten Plotstruktur[16], wie der Historiker Hayden White sich zur Undarstellbar-
keit des Holocaust[17] äußert, die nicht nur Literatur sondern eben
auch Bildgedächtnis, Ikonographie, Bildrhetorik, eben die Funktion betrifft, mit deren Hilfe wir einen Bildinhalt mit einem Narrativ
verbinden. Auch George Didi-Hubermann rekurriert in seiner Analyse der vier Fotografien aus Auschwitz, die nicht aus Täter- oder
Befreier- sondern unter Lebensgefahr aus Perspektive der Sonderkommandos entstanden, auf diese als „Vier Stücke Film, der Hölle
entrissen"[18]. Die Hilfskonstruktion der Rede von der Hölle, die zugleich Garant dafür ist, auf Seiten von Mitläufern und Mitwissern
die Mitschuld an den Verbrechen als jenseits des Menschlichen von
sich zu weisen und den Exzesstätern zu überlassen, trägt diesen Versuch einer letzten sinnstiftenden kulturellen Diskursivierungsschablone in die mediale Be- und Verarbeitung des Holocaust.

---

15 Ebd. S. 62.
16 Vgl.: Anja Oster, Walter Uka: „Der Holocaust als Filmkomödie", S. 250 f und
    Hayden White: „Das Ereignis der Moderne", S. 199 ff.
17 Eigentlich „holocaustal events", unter die White auch die Shoah fasst. Obgleich
    ich seinen Ausführungen zum Repräsentationsproblem, das quer durch ver-
    schiedenste Kulturtechniken der Darstellung und Erinnerung verläuft, zustim-
    me, ist mir bewusst, dass sein Terminus der „holocaustartigen Ereignisse" die
    These der Einzigartigkeit der Shoah angreift. Diesem Punkt soll hier nicht zu-
    gestimmt werden, noch soll er im Rahmen dieser Analyse diskutiert werden.
18 George Didi-Hubermann: *Bilder trotz allem*, Fink, München 2006, S. 15. Im Fol-
    genden zitiert als: Didi-Hubermann.

3.3. Wie eine Szene aus Dantes Inferno …

Wie überaus dominant die Metapher der danteschen Hölle in literarischen Zugängen zum Thema Holocaust ist, lässt sich etwa in der Analyse *Dante Deutsch* von Thomas Taterka aus dem Jahr 1999 nachvollziehen.[19] Diese dämonische Metaphernrede und ihre Wiederkehr im Bildzitat dominiert auch den filmischen Zugang, beginnend bei bloßen Titeln wie *Zeugin der Hölle*, einer deutsch-jugoslawischen Fernsehkoproduktion aus dem Jahr 1965, die von einer KZ-Überlebenden handelt, über sogenannten Naziploitation-Trash wie Sergio Garrones *Lager SS 5 – L'inferno delle donne* bis zur zeitgenössischen US-Dokumenation *Nazi Scrapbooks from Hell – The Auschwitz Albums* aus dem Jahr 2008; über die Sprache feuilletonistischer Kritik *über* Holocaust-Filme[20] bis hin zu komplexen filmischen Analogisierungen in Narrationsstruktur, Figurenentwurf und Bildmetaphorik. Diese filmischen Verschmelzungen der Shoah mit der Hölle funktionieren, so soll im Folgenden aufgezeigt werden, bilateral: So kann einerseits das Blockbusterkino im Genre der Phantastik die Metapher der Hölle des Dritten Reichs in eine Phantasmagorie verwandeln, andererseits jedoch auch die gesellschaftlich sanktioniertesten Produktionen, die einen Anspruch an Realismus und Authentizität stellen, ebenso die Diskursivierungsschablone des Höllengleichnis bedienen:

So ruft selbst der so sehr nach Authentizität strebende Ansatz Steven Spielbergs in *Schindler's List* das kulturelle Bildgedächtnis der Hölle auf und verwebt es an einem der Punkte im Film, an dem Spielberg sich auf dem Grat zwischen Darstellungsverbot und dem Versuch, historische Fakten der Verbrechen der Nazis zu illustrieren, bewegt, mit einer „Ästhetik der Dissoziation" in seinen Bilderkosmos. Gemeint ist jene Sequenz, die ab Filmminute 128 beginnt, in der SS-Offizier Amon Göth den Auftrag ausführt, die Tausenden von Leichen, die das Terrorregime der SS bereits im Boden von Chu-

---

[19] Vgl.: Taterka.

[20] Vgl. etwa: Urs Jenny: „Engel in der Hölle", in: *Der Spiegel*, Heft 8, 1994, S. 174 oder „Flucht in die Hölle", *Der Tagesspiegel*, 23.10.2002, http://www.tagesspiegel.de/kultur/art772,2188914, 26.10.2009, 12:10 Uhr, uva.

jowa Gorka hat verscharren lassen, zu exhumieren und zu verbrennen.

Die Sequenz ist in schwarzweiß gehalten, was den Modus des
Dokumentarischen evozieren soll. Sie beginnt mit der beklemmen-
den Einstellung auf eine fahle Sonne, die klein in der Bildmitte kadriert von dunklen Rauchwolken umwölkt wird. Geigen spielen auf
und der Ton suggeriert im Off eine Gruppe Kinder und einen Mann,
der mit ihnen Ball spielt. Die folgende Einstellung zeigt die Gruppe der lachenden Kinder in der Totalen in einer Parkanlage, der
Mann, der mit ihnen spielt, trägt eine SS-Uniform. Es beginnt offenbar zu schneien. Ein Umschnitt erfolgt; eine gut gekleidete Passantin
wundert sich gestisch über den Schnee, dann, nach einem weiteren
Schnitt, tritt Oskar Schindler in leichter Untersicht kadriert aus einer
Tür und vollführt eine ähnlich prüfende Armbewegung. Er verreibt
den Niederschlag auf den Händen, die Bildeinstellung verlässt eine
amerikanische Einstellung der Figur und folgt Schindlers Händen
zum Kotflügel seines Wagens. Hier erst wird deutlich, dass es sich
keinesfalls um Schnee handelt, Schindler wischt von der Karosserie
Asche, die auf die Stadt niederregnet.

Ein Schnitt erfolgt, der sich wie die kausale Konjunktion „denn"
zum vorher Gezeigten verhält. Diese Verknüpfung wird symbolisch
über den dunklen Rauch hergestellt, der wie der Ascheregen in der
Stadt Resultat eines Brandes ist, der gezeigte Ort jedoch wird nicht
in filmräumlicher Kohärenz zum Anfang der Sequenz dargestellt,
hätte man sich doch auch entscheiden können, eine Einstellung einzufügen, die Schindler auf der Straße hierher zeigt. Stattdessen eignet sich das Filmbild den Raum der folgenden Szene nur höchst un-
sicher an. Eine Tendenz, die dominant die gesamte weitere Einstel-
lungsfolge durchziehen wird.

Sahen wir im ersten Abschnitt der Sequenz Stadtarchitektur, gebiert sich die nun folgende Landschaft aus schwarzem Qualm. Wenn
der dichte Rauch den Blick der Einstellung freigibt, erscheint eine
Weitaufnahme einer grauen Hügellandschaft vor einem hellgrau-
en Himmel, an dem schwarze Rauchschwaden vorbeiziehen. Auf
den Hügeln kann man weit entfernt zwei schwarze, menschliche Sil-

houetten ausmachen. Sicher handelt es sich um SS-Männer, zugleich muten sie aber wie dunkle, mythische Wächterfiguren an. [21]

Abb. 1: Schindler's List

Gustave Dorés Zeichnung von Dantes und Virgils Abstieg in die Hölle weist durchaus Parallelen zu diesem Bildtypus auf.[22]

Die Musik schwillt unterdessen dramatisch an, während zwei Texte eingeblendet werden, der eine verortet das Geschehen als „Chujowa Gorka, April, 1944", der zweite beschreibt den Akt der hier ausgeführt wird: Die SS lässt mehr als 10.000 in Plaszow und Krakau ermordete und vergrabene Menschen exhumieren und verbrennen. Die Hügellandschaft ist kaum als Establishing-Shot des Raums, sondern eher als einer der emotionalen Einfärbung zu beschreiben. Kaum wurden die Texte eingeblendet, verdeckt wieder schwarzer Qualm den Blick. Eine Übersicht über das Geschehen und die Basis einer Annahme kohärenten filmischen Raums für den Zuschauer wurden, so wird deutlich werden, ebenfalls nicht gegeben.

---

[21] Vgl.: Abb. 2.
[22] Dante: S. 21. Vgl.: Abb. 1.

Zunächst im Off des schwarzen Qualms, dann durch einen Schnitt auf zwei SS-Männer im Cadre verortet, beginnen deutsche Stimmen zur Arbeit anzutreiben und zu fluchen. Die Wachen halten sich offenbar Stoff vor Nase und Mund, um sich gegen den Geruch zu schützen. Über ihren Schultern im Hintergrund sind dutzende grabender Zwangsarbeiter erkennbar. Die Einstellung folgt einem im Vordergrund vorbeigehenden Uniformierten, verbleibt dann jedoch bei einer weiteren Wache, die ins Bild tritt. Die unstete Bewegung, beginnend mit dem Qualm, dann mit der schnellen, sich nicht auf eine Figur festlegenden Kamerabewegung sorgt weiter für räumliche Verwirrung.

Abb. 2: Gustave Doré: Das Höllentor

Ein Schnitt auf die Großaufnahme einer Zwangsarbeiterin erfolgt, es handelt sich um die Figur Mila Pfefferberg. Ihre Präsenz, der in sich gekehrte, schmerzerfüllte Blick ihrer dunklen Augen, steht an mehreren Stellen des Films[23] für eine Art dissoziative, depersonalisierte Erinnerung. Der Bildausschnitt verfolgt unruhig ihre vertikale

---

[23]   Mila ist jene Figur, die an späterer Stelle durch die sadistische Geste eines spielenden Kindes vor der Einfahrt nach Auschwitz ein Todesomen in der Tradition

Grabbewegung, verlässt sie dann nach links schwenkend, um den
Blick auf Dutzende weitere grabende Zwangsarbeiter in der Totalen freizugeben. Sie sind in Gruppen über ein karges Feld verteilt,
irgendwo im Hintergrund ist ein Hügel auszumachen. Die Einstellung ist so kadriert, dass sie in Übersicht eine Totale der Arbeiter
erfassen kann, zugleich aber kaum die Horizontlinie überschreitet.
Der Blick privilegiert den Boden. Der Schwenk ist weiter unstet, fokussiert wie beiläufig einen fluchenden SS-Mann und kommt dann
bei einem schwarz gekleideten, gebückten Häftling mit Mundschutz
an. Hier erfolgt, fließend in die Sequenz eingebaut, ein Wendepunkt
in der Inszenierung: Hat man bisher nicht im Bild gesehen, wonach
die Häftlinge graben, obgleich der Text es vorwegnahm, zeigt das
Filmbild hier in aller Drastik einen ersten, stark verwesten Körper,
den der schwarz gekleidete und ein zweiter Zwangsarbeiter in der
typischen gestreiften KZ-Häftlingskleidung auf einen Karren zerren.
Am rechten unteren Bildrand sieht man eine weitere verweste Lei-
che im aufgewühlten Boden liegen. Gleichzeitig beginnt die Musik,
die sich bis dahin dramatisch instrumental aufgebaut hat, die neue
Drastik der Sequenz mit einem emotionalen Requiem-Choral zu begleiten. Auch das Fluchen der deutschen Stimmen wird nun heftiger. Machte man vorangehend Erniedrigungen der Häftlinge und
das Antreiben zur Arbeit aus, folgen nun Herabwürdigungen und
Verdinglichungen der Toten: „Nur die ganzen Fetzen, nicht das Ge-
müse!", „Das kannst du mit den Händen anfassen!", „Los, raus mit
den Fetzen! Die Kleinteile lass liegen!"
      Der Schnitt springt auf eine weitere Gruppe von Häftlingen in
KZ-Kleidung, die mit Schaufeln in der Erde graben, während sie

---

von Geisterfilmen erhält und sowohl eine Gruppe von Auschwitz-Häftlingen
beim Eintritt in die Gaskammer als auch den Krematoriumsschornstein als
Symbol der Massenvernichtung erblickt. Die Figur ist an die traumatischen Sequenzen gebunden, ohne dass man davon sprechen könnte, dass es uneingeschränkt ihre Erfahrungen und Eindrücke sind, die der Film vermittelt, wie er
an anderer Stelle Schindler oder Göth begleitet. Auch dies ist vermutlich ein
Merkmal der „Ästhetik der Dissoziation" im Holocaust-Film, ein Erzählmodus
der Depersonalisierung, der auf die paradoxe Aufgabe reagiert, ein kollektives
Trauma durch ein Medium vermitteln zu wollen, dessen dominante Erzählm-
odi das Individuum privilegieren.

von einem Wachmann angetrieben werden. Die Schwenkbewegung erfolgt wie in der vorangehenden Einstellung von rechts nach links, ohne dass sie eine kohärente Fortsetzung des filmischen Raums der vorangehenden Einstellung wäre. Man folgt keiner Figur, man eignet sich niemandes Blick an und die räumlichen Koordinaten erlauben keine Anknüpfungspunkte. Ein weiterer Schnitt erfolgt und ein Massengrab wird in Obersicht zentriert in der Bildmitte kadriert. In diesem müssen Zwangsarbeiter Leichen exhumieren. Kein Horizont ist zu sehen, gestaffelt in den Hintergrund werden dutzende weiterer Arbeiter gezeigt, dazwischen, durch ihre schwarzen Uniformen kontrastiert, die SS-Männer. Die Bewegung von rechts nach links wird weiter fortgesetzt, doch auch dieser filmische Raum hat zum vorherigen, außer in der Art des Personals und der Tätigkeit, keine Kohärenz. Eine der SS-Wachen springt in die Gruppe und bedroht einen Arbeiter, das Cadre folgt ihm und verwackelt, wie ein unsicherer Blick, der niemandem zuzuschreiben wäre, den Bildausschnitt. Hier beginnt die Einstellung, die Rechts-Links-Bewegung zu verlassen. Der Bildausschnitt kommt den Figuren näher, beschreibt eine Drehbewegung, fokussiert sich auf den SS-Mann und zwei Arbeiterinnen, auf die er losgeht, nachdem er sein erstes Opfer beiseite gestoßen hat. Der SS-Mann packt eine der vermummten Zwangsarbeiterinnen, die inmitten verwesender Leichen steht, dann verlässt ihn die Einstellung und fokussiert nur noch sein Opfer in Obersicht. Man hört ihn noch aus dem Off in Deutsch schreien, dass sich die Arbeiterin nicht um die kleinen Leichenteile kümmern soll, dann stößt er sie auf die Körper in der Grube, während ihr ein menschlicher Schädel aus der Hand fällt.

Von den Chorälen begleitet erfolgt ein neuer Umschnitt, der weiterhin dem Prinzip folgt, nicht an den vorangehenden filmischen Raum anzuknüpfen. Wurden in den vorherigen drei Einstellungen eine Reihe von Arbeitern und Wachen bei der Exhumierung in einer Rechts-Links-, dann Drehbewegung abgefahren, greift diese Einstellung weder die Bewegungsachse noch das Personal auf. Es sind die geschundenen Körper der Toten, die, neben der akustischen Verknüpfung des Chorals, eine Verbindung von Bildausschnitt zu Bildausschnitt schlagen. Die Einstellung ist weiterhin im Modus des

unsteten, verwackelten Blicks ohne Ursprung gehalten. Die Bewegungsachse ist jetzt umgekehrt, die Einstellung verschiebt sich leicht
von links nach rechts. Das Gezeigte wirkt, so makaber es klingen
mag, zunächst surreal, da man sich durchaus bewusst ist, hier kein
abstraktes Bild, sondern ein fotografisches vor sich zu haben, mit
organischen und mechanischen Objekten, die klare Umrisse bilden.
Dennoch ist der Bildinhalt zunächst unklar, jenseits der Sehkon-
ventionen, und gibt seinen Sinn erst nach einigen Sekunden preis,
nachdem der Zuschauer die Funktion des unmenschlichen Mecha-
nismus begriffen hat. Dieser dissoziative Effekt ist bewusst herbei-
gerufen, da man dem Zuschauer keinen Establishing-Shot, keinen
kohärenten Raum gewährt. Die Objekte des Filmbildes erscheinen
allesamt fragmentarisch angeschnitten, und zunächst wird keine an-
thropomorphe Figur gezeigt, die das Geschehen in ein Größen- oder
Raumverhältnis rückt. Interessant erscheint, dass diese Dissoziation
auf das Vokabular der Filmanalyse selbst Auswirkungen hat. Es fällt
schwer die Einstellung eine Totale oder Detailaufnahme zu nennen.
Der Hintergrund des Cadre besteht aus einem schwarzweißen, lo-
dernden Flammenmeer, das keinen Raum sondern eine chaotische
Fläche generiert. Sie dominiert selbst bei der Bewegung des Aus-
schnitts den gesamten Hintergrund und wirkt dadurch unendlich
groß und omnipräsent in dem Rudiment, das der Zuschauer sich
vom fragmentierten filmischen Raum aneignet. Kein Boden, kein
Horizont, kein Himmel bietet weitere Anhaltspunkte. Sich von links
unten nach rechts oben verjüngend ist im Vordergrund ein Teil eines
mechanischen Konstrukts kadriert, dessen Funktion sich erst zeigt,
als nach einigen Sekunden ein toter Körper in die chaotische Flam-
menfläche stürzt.[24]

Ein Fließband befördert die Körper der exhumierten Ermordeten
auf einen brennenden Leichenberg. Arbeiter im Vordergrund, gerade noch an den Rändern ihrer Kappen auszumachen, sorgen mit
Holzstangen dafür, dass die Leichen sich auf dem Fließband nicht
verfangen. Der Ausschnitt fährt nach links unten und eignet sich
wieder filmischen Raum und Figuren an: Zwangsarbeiter kommen

---

[24] Vgl.: Abb. 3.

Abb. 3: Schindler's List

in Reihen mit Handkarren angefahren, auf denen sie Leichen zur Verbrennung antransportieren müssen. Kurz sind im Hintergrund Büsche auszumachen, dann erfolgt ein Schwenk zurück auf Kommandos brüllende SS-Männer, die sich Tücher vor Mund und Nase halten, und der Hintergrund wird erneut durch das Flammenmeer dominiert. Es ist bezeichnend, dass dieser brennende Leichenberg den gesamten Hintergrund dieser Einstellungen dominiert, sein wahres Ausmaß jedoch nicht auszumachen ist und für den Zuschauer unendlich groß und allumfassend wirkt. Es ist eine Annäherung des Filmbildes an die kalte technokratische Massenvernichtung des Regimes, versinnbildlicht durch das Fließband, kombiniert mit den Attributen der Hölle, einem unendlichen, den Kräften von Zeit und Raum enthobenen Inferno.

Diese Spielberg'sche Hölle hat gar, neben den durchaus authentisch wirkenden, zynisch Befehle bellenden Wachmännern eine echte Dämonengestalt: Von einer Wache, die sich, wie bisher alle der Uniformierten, schützend ein Tuch vor Mund und Nase hält und angeekelt Kommandos brüllt, schneidet das Bild auf eine einzelne Figur. In amerikanischer Einstellung sieht man einen SS-Offizier, blond ohne Mütze, dem offenbar der Geruch der brennenden Leichen nichts ausmacht, er steht nah an dem Scheiterhaufen. Der Hintergrund zeigt erneut das Flammenmeer als gigantisch und ohne Anfang und Ende, allerdings sind nun einzelne brennende Schädel inmitten von Holzscheiten auszumachen. Zunächst steht der Mann mit dem Rücken zur Blickachse, dreht sich dann ruckartig um, verzerrt grotesk die Züge zu einer dämonischen Fratze und schreit mehrfach entrückt und hasserfüllt aus vollem Halse, während direkt über seinem Schädel, als würden sie direkt aus ihm hervortreten, Flammen lodern.[25]

Abb. 4: Schindler's List

Er taumelt auf die Kamera zu, und seine Augen wirken milchig und seelenlos. Dieser Effekt wird durch hellblaue und graue Pupillen in Verbindung mit Schwarzweißmaterial erzeugt; er war beliebt für Monster-Darsteller der Stummfilmzeit .... Es erfolgt ein Schnitt, den man als den ersten bezeichnen kann, der neben thematischer Kohärenz auch ganz klar eine räumliche beinhaltet. Die Einstellung

---

[25] Vgl.: Abb. 4.

auf den brüllenden SS-Mann ist zurückgesprungen und erfasst nun im Bildausschnitt gestaffelt vier seiner Kollegen mit dem Rücken zur Blickachse, dann ihn, im Hintergrund die amorphe Fläche des brennenden Leichenbergs. Einer der SS-Männer wendet sich zur Seite und lacht, ein zweiter presst sich ein Tuch vor das Gesicht. Der Bildausschnitt fährt verwackelt wieder auf den wahnsinnigen SS-Mann zu, der zunächst etwas Unverständliches brabbelt, dessen Wortfetzen wie „Aus, Schluss, sieh das Entsetzen!" klingt. Die anderen SS-Männer entfernen sich von ihm, während er wild mit einer Pistole gestikulierend „So ist es!" brüllt. Dann folgt gar noch ein okkultes, ariosophisches Heidenbekenntnis dieser Dämonengestalt:

„Walhalla! Walhalla läuft hier!"[26]

kreischt er weiter entrückt seinen Kollegen nach, wendet sich dann wieder der Fläche der brennenden Leichen entgegen und schießt mit seiner Handfeuerwaffe, als könne er die Körper noch im Tode quälen, in den Scheiterhaufen. An dieser Stelle findet sich der Kulminationspunkt sowohl der Spannungsdramaturgie der Sequenz als auch der Amalgamierung von durchaus authentisch für die Kamera reinszenierten historischen Fakten mit einem Erzählmodus, der ein Bildgedächtnis von Höllendarstellung evoziert und in seiner Drastik der Gewalt und Zerstückelung des Raums traumatische Erfahrung/Erinnerung simuliert.[27] Ohne zynisch klingen zu wollen, wären die Anliegen des Films nicht so ernst, man müsste die Sequenz zu den wirksamsten und eindrucksvollsten des Horrors im Film rechnen, und das Horrorkino, so die These dieser Arbeit, wird auf eigene Weise auf die Ikonographie von *Schindler's List* antworten.

---

[26] Diese beiläufigen Verweise auf ariosophische Pseudolehren, germanische Mythologie und Neopaganismus, die tatsächlich die pseudomythischen Aspekte des Nationalsozialismus beeinflussten, inspirieren in der Phantastik, so wird aufgezeigt werden, die Verbindung des Dritten Reichs mit schwarzmagischen Kulten, dem Dämonischen und der Hölle.

[27] Ohne besagtes dantesches Höllengleichnis finden sich in anderen von Spielbergs Filmen, die er „ernsten" Thematiken widmet, analoge Darstellungsmodi des Traumatischen. Vergleichbare Sequenzen stellen etwa die Landung in Omaha Beach von *Saving Private Ryan* oder die Gewaltexzesse auf einem Sklavenschiff in *Amistad* dar.

Nach dieser filmbildlichen Verschmelzung der SS mit dem theologischen Urbösen erfolgt in gleitendem Übergang ein weiterer In-
szenierungswechsel. Der Schnitt springt auf die Reihen von Arbeitern, die in Handkarren die Leichen herbeischaffen müssen, und
während die Choräle leiser werden, ist es interessanterweise die Figur Amon Göth (die in Sequenzanalysen anderer Teile von *Schindler's List* etwa in *Skin Shows* von Judith Halberstam oder *Frames of
Evil* von Caroline Picart und David A. Frank auf ihre Verwandtschaft zum klassischen Filmmonster hin geprüft wird), die hier den
Übergang vom traumatisch-dissoziativen, mythisch aufgeladenen
Teil der Sequenz zurück zum Erzählkino einleitet. Göth erscheint
hier nicht als dämonisch, sondern eher als die Verkörperung des
technokratischen Aspekts der Massenvernichtung, wenn er sich im
Ton eines Versicherungskaufmanns, der sich über den Aktenberg
auf seinem Schreibtisch beschwert, missmutig über den auszufüh-
renden Exhumierungsbefehl äußert: „That'll be fun!" Georg Seeßlen
äußert sich in ähnlicher Weise zum Auftritt der Figur und bedient
ganz nebenher die gewohnte Analogie: „Amon Göth bezieht sich,
vor dem Berg der brennenden Leichen etwa, auf die Befehlsgewalt
des Außen, beinahe mürrisch, als habe man ihm nun die Befehlsgewalt über seine höchst eigene Hölle genommen".[28]

Noch immer dominiert in dieser Einstellung der brennende
Scheiterhaufen im Hintergrund, Göth und Schindler jedoch leiten
in ihrem Dialog den Übergang vom traumatischen Zeigen zum Erzählen ein. Der nächste Blick auf die zerstörten Körper auf den Lei-
chenkarren ist nicht dissoziativ-subjektlos sondern durch einen Ge-
genschuss Schindler zugesprochen. Er erkennt die bekannte Figur
des Mädchens im roten Mantel unter den Toten.

Schindler's List ist dabei nur ein Beispiel für eine Produktion, die
den Selbstanspruch einer ernsthaften Auseinandersetzung mit der
Shoah hat, während sich zugleich in der Annäherung an ihre Ikonographie der Bilderkosmos der danteschen Hölle eröffnet.

Auch in den Bildtypen, auf die Roberto Benigni in seiner
Holocaust-Tragikkomödie *La Vita È Bella* zurückgreift, erkennt die

---

[28] Georg Seeßlen: *Steven Spielberg und seine Filme*, Schüren, Marburg 2001, S. 142.

israelische Filmwissenschaftlerin Yosefa Loshitzky die danteschen Analogien:

„Benigni umgibt die bekannten Bilder des Holocaust mit surrealistischen Effekten, die den metaphorischen Status des Holocaust als Parabel über die „conditio humana" akzentuieren. Auffallend sind vor allem die letzten Szenen in dem von der SS verlassenen Konzentrationslager. Diese Szenen zitieren die Ikonographie der Hölle in der christlichen Eschatologie und fügen so der ungewöhnlichen Komödie einen dantesken Beigeschmack hinzu".[29]

Auch das umstrittene, experimentelle Werk Hans Jürgen Syberbergs, *Hitler a Film from Germany*, bedient sich der Metaphernrede von der Hölle, wenn er den vierten Teil seines Films *We, Children of Hell* betitelt. An anderen Stellen des mythisierenden und mit dem phantastischen Ansatz jonglierenden Werks verwendet Syberberg Dorés Illustrationen der danteschen Hölle in kabarettartigen Szenarios als Hintergrundprojektionen.

Und nicht zuletzt bedient gar eine Täterfigur – Professor Pfannenstiehl – in der Fernsehserie *Holocaust* beim Blick in die Gaskammern von Auschwitz den Vergleich, wenn er gebannt assoziiert: „Nicht zu fassen. Wirklich. Wie eine Szene aus Dantes Inferno." Die Analogie ist dezenter, entsteht ausschließlich im Dialog, während die Bildinszenierung in dieser Sequenz des Fernsehspiels statisch bleibt. Doch auch der gesprochene Vergleich verfehlt nicht seine Wirkung. Während die Kamera bei den Tätern verbleibt, die durch ein Loch in der Tür der Gaskammer den Mord beobachten, soll die Rede von Dantes Hölle ein kollektives Bildgedächtnis des Zuschauers von Chaos, gemarterten, verrenkten Körpern, Schreien, Flammen, Folter und Tod aufrufen,[30], das Pfannenstiehl als Mauer-

---

29 Yosefa Loshitzky: „Politik und Ethik der Holocaust-Filmkomödie", in: *Lachen über Hitler – Auschwitz-Gelächter?*, Margrit Frölich, Harno Loewy, Heinz Steinert (Hg.), edition text + kritik 2003, S. 24 f.

30 Von kollektivem Bildgedächtnis kann zwar im Zusammenhang mit Dantes Schrift nicht problemlos gesprochen werden, wohl aber, wenn man sich vergegenwärtigt, wie häufig dieser Text zu Illustrationen und Adaptionen in Bildmedien reizte. Denkt man an Dantes Text, ist etwa die Assoziation zu Gustave Dorés Illustrationen nie weit entfernt.

schau für das Fernsehpublikum liefert. Es erscheint entlarvend, hier
dem Täter die Rede vom Inferno in den Mund zu legen: Die Vergasung wird poetisch überformt, mythisch aufgeladen und als ein
Bild faszinierenden Schreckens erklärt. So sehr der Vergleich zur
Hölle auch den Opfern zugestanden werden muss[31] und den Alliierten, wie vorangehend dargelegt, zugerechnet werden kann: Er
trägt auch einen Anteil der zynischen Hybris der Täter. Spielen sie
nicht bereits in ihren Uniformen mit exzentrisch narzistischer, pseu-
domythischer Todessymbolik? Wirken die mit „Sinnsprüchen" ver-
sehenen Eisentore mancher der Vernichtungslager nicht, als seien sie
tumbe Palimpseste des danteschen Höllentors, mit dem Willen zur
Drohung von mythischer Dimension, die, wäre nicht das, was innerhalb dieser Tore geschah so grauenvoll, aufgrund ihrer Bemühtheit
lächerlich profan wirkte?[32] „Jedem das Seine" statt „Lasst, die ihr

---

[31]   Nicht eingegangen wurde hier aufgrund des Fokus auf mediale Vermittlung
       auf die Tatsache, dass es Studien gibt, die zeigen, dass bereits bei den Inhaf-
       tierten der nationalsozialistischen Konzentrationslager eine starke Religiosität
       und damit mögliche Diskursivierungsschablone von Urbösem und Märtyrer-
       tum half, das Trauma des KZ-Alltags zumindest in Ansätzen zu bändigen (vgl.:
       Hoffmann, S. 177 ff). Weiterhin erfährt das Dritte Reich in der Psyche traumati-
       sierter Überlebender – so der Psychoanalytiker Tilmann Moser – bisweilen eine
       dämonische Wiederkehr in der Verdichtung und Verschiebung der Traumarbeit
       (vgl.: Tilmann Moser: *Dämonische Figuren. Die Wiederkehr des Dritten Reiches in der
       Psychotherapie*, Suhrkamp, Frankfurt a. M. 2001. Im Folgenden zitiert als: Mo-
       ser). Und auch in Rückblickenden literarischen Schilderungen der Holocaust-
       Überlebenden, wie bei Primo Levis *Ist das ein Mensch?* wird über das System
       des Lagers als der Hölle gesprochen (vgl.: Primo Levi: *Ist das ein Mensch?*, dtv,
       München 2009, S. 22. Im Folgenden Zitiert als: Levi.)
[32]   Mir ist an dieser Stelle durchaus bewusst, dass die Torüberschriften der Kon-
       zentrationslager und ihre Herkunft im Einzelnen ein eigenes, komplexes Thema
       bilden, dem ich hier nicht gerecht werden kann. Die Losungen kommen aus an-
       tisemitischen Kontexten, ergeben sich aber auch aus lateinischen Sprichworten.
       Zudem war der „Sinnspruch" im Eingangstor in der ersten Hälfte des 20. Jahr-
       hunderts auch eine Praxis in Fabriken. Dass der Assoziationsraum zum Höllen-
       tor dennoch eine legitime Ausdeutung darstellt, entnehme ich nicht zuletzt den
       Schilderungen von Opfern, wie etwa dem im Konzentrationslager Hamburg-
       Fuhlsbüttel inhaftierten Grafiker und Widerständler A. Paul Weber, der die
       bildliche Analogie in seiner Lithographie „Laßt, die ihr eingeht, alle Hoffnung
       fahren" aus dem Zyklus „Die Gefangenen" zieht; oder der Betonung der Tor-
       überschrift in Verbindung mit der Höllenmetaphorik bei Primo Levi (vgl. Primo

eingeht, jede Hoffnung fahren" ... Saul Friedländers Studie *Kitsch und Tod* gibt einigen Aufschluss über dieses Selbstverständnis in der Selbstinszenierung des Nationalsozialismus.[33]

Schindler's List gilt in dieser Analyse – berücksichtigend, dass der Film seine Ikonographie aus vorangehenden Zugängen speist – als Prototyp der Auseinandersetzung des aktuellen populären Hollywood-Kinos zur Thematik des Holocaust. Caroline Joan Picart und David Frank betonen zu Beginn ihrer Studie *Frames of Evil – The Holocaust as Horror in American Film*, dass nicht weniger als 500 amerikanische Filme des 20. Jahrhunderts direkt oder indirekt Bezug auf den Holocaust nehmen und dass die kinemathographische Darstellung maßgeblich den US-amerikanischen Diskurs um die Geschichte und Bedeutung des Ereignisses mitbestimmen. Unter ihnen erscheint *Schindler's List* von Steven Spielberg als die einflussreichste und sanktionierteste Produktion: „The movie has provided millions of Americans with what will surely be their primary imagery and understanding of the Holocaust", zitieren Frank und Picart eine verwendete Studie.[34] *Schindler's List*, der Film, der alle anderen

---

Levi: „In der Tiefe", in: (ders.): *Ist das ein Mensch?* dtv, München 2009, S. 22).

[33] Vgl.: Saul Friedländer: *Kitsch und Tod*, Fischer, Frankfurt a. M. 2007.

[34] Diese Behauptung deckt sich bis zu einem gewissen Grad mit meiner persönlichen Erfahrung. Der Kinofilm *Schindler's List* stellte für mich, obgleich ich mit meinen damals etwa 12 Jahren bereits mit dem Holocaust vertraut war, mehr noch als biographische Romane oder dokumentarisches Material eine prototypische Geschichtserzählung und Ikonographie des Holocaust bereit, die den Anstoß für eine weitere Beschäftigung mit dem Thema bis heute lieferte. Ich selbst schreibe weder aus einer Perspektive, die inzwischen die Großelterngeneration meiner Jahrgänge betrifft, nämlich einer direkten Involvierung in die Geschehnisse zwischen 1933 und 1945, noch aus der Perspektive der Jahrgänge meiner Eltern, die als Jugendliche in den 1960er und 70er Jahren die Zeiten der Verdrängung der Shoah im Schulunterricht und gesellschaftlichen Diskurs erfahren mussten. Meine Generation ist diejenige, die in der Schule und im gesellschaftlichen Diskurs umfassend über den Holocaust aufgeklärt wurde, die ihn als mediales und gerade audiovisuell vermitteltes Trauma erfahren hat, gleichzeitig aber eine zunehmende Transgression im seriösen Umgang mit dem Thema beobachten musste. Das Schweigen ist zeitweilig einer drastischen, fragwürdigen Zeigefreudigkeit der Grausamkeiten gewichen, in der Bilder von KZ-Überlebenden von Werbung unterbrochen werden (etwa *N24 History – die Geschichte der Deutschen*, N24 am 21.06.09, 15-

Holocaustfilme absorbierte und ersetzte[35], erzeugte oder, vielleicht besser, erneuerte ein fiktionales Bildgedächtnis, eine Holocaustfilm-Ikonographie beim internationalen Publikum, auf die andere Produktionen zurückgreifen, sie zitieren oder als Schablone für eigene Zwecke gebrauchen können. Interessant ist dabei vor allem das fruchtbare Nebeneinander der Annäherung an die Authentizitätseffekte dokumentarischen Materials bei gleichzeitiger Verwendung der formalen Genrekonventionen des Horrorkinos zur Bebilderung eines geschichtlichen Traumas,[36] durch welche ein Publikum mit einem medialen Vorwissen Muster von Seh- und Erzählkonventionen abruft und etwa Annahmen über das Böse, das Monströse, das Andere kommuniziert bekommt.[37]

---

16 Uhr) und im Privatfernsehen mit Opferbildern für den Kauf von DVD-Reihen über die Verbrechen der SS geworben wird. Als Beginn dieser Tendenz der medialen Überfrachtung sind sicherlich die Modi der Geschichtsrepräsentation durch Guido Knopp zu nennen, vorläufiger Kulminationspunkt sind jene Holocaustmusikvideos auf der Onlinevideoplattform Youtube, die von betroffenen Usern kreiert wurden, um ihrer Trauer über die geschichtlichen Ereignisse Ausdruck zu verleihen, aber gleichsam pietätlos im Rhythmus elegischer Musik, mit Videos der Trauerballaden von Popsternen als ästhetisches Vorbild, Bilder der Stapel verrenkter Leichen aus *Todesmühlen* ästhetisch aneinander montieren. Man muss hierzu nur das Wort *Holocaust* in die Suchmaske von Youtube eingeben. Vgl.: http://www.youtube.com/watch?v=ps64xxJq0mg, 27.10.2009, 12:14 Uhr; http://www.youtube.com/watch?v=_AXkTONE5Is\&feature=related, 27.10.2009, 12:15 Uhr oder http://www.youtube.com/watch?v=EYT7JK_745M, 27.10.2009, 12:16 Uhr.

35 Caroline Joan (Kay) S. Picart, David A. Frank: *Frames of Evil. The Holocaust as Horror in American Film*, Southern Illinois University Press, Carbondale 2006, S. 3. Im Folgenden zitiert als: Picart, Frank.

36 Picart, Frank: „Classic Horror in Schindler's List", S. 36 ff.

37 Ebd.: S. 2.

Dieses Schema, so wird an späterer Stelle dargelegt wer-
den, funktioniert bilateral, sodass eine durchschnittliche Kino-
Geisterbahnfahrt wie *The Unborn* oder ein Hardcore-Horrorstreifen
wie Eli Roth' *Hostel* die Muster der Holocaust-Darstellung im
Hollywood-Kino aufrufen kann, um mit Versatzstücken von Shoah-
Assoziationen sein Publikum zu terrorisieren.[38]

---

[38] Dies ist zunächst nicht pejorativ gemeint. *Tales of Terror* sind – etwa nach Noël
Carrolls Definition – tatsächlich die Subkategorie Angst-evozierender Genres in
Abgrenzung zum Monster-Horror, auf die der Regisseur Eli Roth in allen sei-
nen Filmen aus dem Splatter-Subgenre des Horrors abzielt (vgl.: Noël Carroll:
The Philosophy of Horror or Paradoxes of the Heart, Routledge, New York, Lon-
don, 1990. S. 15. Im Folgenden zitiert als: Carroll). Dass dazu meines Erachtens
Holocaust-Ikonographie verwendet wurde, ist selbstverständlich geschmack-
los und löste selbst bei mir als Liebhaber des Horror-Genres beim erstmaligen
Sehen Widerwillen und die Frage nach einem genießenden Zielpublikum aus.
Jedoch ist erklärtes Ziel dieser Arbeit zunächst die Beschreibung und Untersuchung dessen, was sonst so schnell mit dem Exploitationvorwurf beiseite ge-
schoben wird.

4. Sadiconazista

Of all the butchers in the Third Reich non was as ruthless as Ilsa – She Wolf of the SS![1]

Offstimme des Werbetrailers zu Don Edmunds' *Ilsa – She Wolf of the SS*

Bevor sich diese Untersuchung mit den aktuellen Phänomenen, wie etwa dem Umgang mit der Shoah in *Hostel* widmet, muss der Fokus zunächst auf eine Entwicklung des „unseriösen"[2] Holocaustzitats im Film, auf die Filmgeschichte des „Naziploitation"[3] gelenkt werden. Der Verknüpfung von kollektivem Bildgedächtnis der Shoah mit dem Bilderkosmos von Hölle und Dämonen wird hier ein weiteres wichtiges Element hinzugefügt: das Erklärungsmuster der Sexualpathologien.

Eines der prominenten Werke der Filmgeschichte, das über den Titel und das gesprochene Wort hinaus in seinem dramaturgischen Konzept die poetische Analogisierung des Faschismus mit Dantes Hölle sucht, ist Pier Paolo Pasolinis *Salo*. Die Gliederung der erzählerischen Struktur des Films erfolgt durch Zwischentitel, die sich an Kreise der danteschen Hölle anlehnen, „ante inferno", „Höllenkreis der Leidenschaften", „Höllenkreis der Scheiße", „Höllenkreis des Blutes", das Bild des Faschismus, das Pasolini zeichnet ist je-

---

[1]   http://www.imdb.com/video/screenplay/vi1440023321/, 04.12.2009, 12:27 Uhr.

[2]   Die Anführungsstriche stehen hier nicht, weil ich implizit die Meinung verbreiten wollte, sie seien eigentlich doch seriös, sondern weil ich mit dieser Kategorisierung den Gegenpol mitimpliziere, will heißen, ich müsste aufzeigen können, was eine absolut seriöse Holocaust-Darstellung wäre. Genau hier bin ich mir bewusst, dass meine These sehr angreifbar ist. Das Spektrum der Holocaust-Repräsentation verläuft wohl vom beherzten Versuch über Instrumentalisierung zum Zwecke eines emotionalen Lokalkolorits bis zur grand-guignolesken Exploitation.

[3]   Die Filmkategorie „Exploitation", wie sie zu Beginn dieser Arbeit bereits kurz erläutert wurde, wird im Sprachgebrauch cinephiler Subkulturen mit den Ausformungen ihrer jeweiligen Subkategorie amalgamiert. So endstehen Neologismen wie „Naziploitation", „Blacksploitation" oder „Sexploitation".

Abb. 5: Il Portiere di Notte

doch säkular: Anders als in so vielen Filmentwürfen der Phantastik, wie etwa dem SS-Mann Karl Ruprecht Kroenen, einem figuralen Erben der „Naziploitation" aus Guillermo del Toros beliebter Comic-Verfilmung *Hellboy*, dienen die Libertines bei de Sade, die hier als Faschisten vor dem historischen Hintergrund der Marionettenrepublik Mussolinis Salo agieren, keinen okkulten Göttern (obgleich sie in der Sequenz, in der sie ihre Töchter heiraten, vor einen heidnischen Priester treten). Sie sind, der Vorlage *Les cent-vingts journées de Sodome ou L'école de libertinage* geschuldet, Nihilisten im psychotischen Exzess. Pasolinis verstörendes letztes Werk gilt Marcus Stiglegger in seiner Studie über Faschismus und Sexualität im Film als einer der intellektuellen Prototypen für eine Filmströmung, die er als „Sadiconazista" bezeichnet.[4] Weitere Werke wären Luchino Viscontis *Die Verdammten*, Bernado Bertoluccis *Der große Irrtum*, Liliana Cavanis *Der Nachtportier* und Lina Wertmüllers *Pasqualino Settebellezze*. Auch über das Verhältnis dieser Filme zum Holocaust schreibt Stiglegger: „Die Konzentrationslager in *Pasqualino Settebellezze* und *Der Nacht-*

---

[4] Stiglegger: *Sadiconazista – Faschismus und Sexualität im Film* S. 35.

portier wirken wie danteske Vorhöllen, angefüllt mit existentiellen und sexuellen Alpträumen."[5]

Grundgerüst dieses Filmkorpus – aus noch zu erläuternden Gründen ist es problematisch, von einem Genre zu sprechen – ist die Sexualisierung nationalsozialistischer Stereotype.[6]

Abb. 6: Ilsa – She Wolf of the SS

Die Strömung der Sadiconazista ist zeitlich ab Ende der 1960er Jahre mit einer Häufung der Produktionen zwischen 1975 und 1979 als Phänomen vorwiegend des europäischen Kinos – vor allem des italienischen – zu verorten. Sie umfasst dabei zunächst sowohl ambitionierte Produktionen als auch eine zweite Welle aus dem Exploitation- und Trashkino, welche auf Erstere antworten und die ein höchstes Maß an Schauwerten aus einer provokanten Konstellation zu schlagen suchten. Gründe für das Aufkommen und die Popularität des Themas gerade zu dieser Zeit sieht Stiglegger zum

5   Marcus Stiglegger: „Sadiconazista – Stereotypisierungen des Holocaust im Exploitationkino", http://www.ikonenmagazin.de/artikel/sadiconazista.htm, 27.10.2009, 12:28 Uhr. Im Folgenden zitiert als: Marcus Stiglegger: „Sadiconazista – Stereotypisierungen des Holocaust im Exploitationkino".

6   Stiglegger: *Sadiconazista – Faschismus und Sexualität im Film*, S. 9. Vgl.: Abb. 5.

einen pragmatisch in den Lockerungen von Zensurbestimmungen, zum anderen – und hier nähert man sich vielleicht erneut Elsaessers rhetorischer Frage nach dem Wechselverhältnis von Film und Trauma, dem „Why now? – in der zeitlichen Distanz zu den historischen Ereignissen.[7]

Abb. 7: Werewolf Women of the SS

Alle Filme der sogenannten Sadiconazista – die ambitionierten wie die exploitativen – verklären das Verhältnis von Henker und Opfer zur „sadomasochistischen Fabel"[8] und laufen dabei Gefahr, das Phänomen des Nationalsozialismus zu mythisieren, zu enthistorisieren und zu entpolitisieren. Sie beschäftigen sich ausschließlich mit den Taten von Exzesstätern, die das Kino bis heute privilegiert, weil an ihnen anders als bei den Mechanismen der Massenvernichtung eine Geschichte zu erzählen ist. Die Erklärung der Shoah reduziert sich hier auf „Grausamkeitslust anstatt von Grausamkeitsar-

---

7   Ebd.
8   Marcus Stiglegger: „Sadiconazista – Stereotypisierungen des Holocaust im Exploitationkino".

beit".[9] Die Plots, die Figurenentwürfe sowie die Ästhetik der Sadiconazista eröffnen damit, so Stiglegger, den Bildern der Verbrechen des Nationalsozialismus den Zugang zum Zitatenspiel der Popästhetik. Genannt sei an dieser Stelle die Figur „Ilsa" aus *Ilsa – She Wolf of the SS*, eine KZ-Kommandantin/SS-Ärztin als Hauptfigur eines Exploitation-Sadiconazista zweiter Welle (also bereits in sich ein Zitat). Angelehnt an die historische Figur Ilse Koch wird sie als stereotype blonde Domina mit starkem deutschen Akzent inszeniert und verbindet die einzelnen Stationen der Tableaux der Grausamkeiten für den Handlungsfluss.[10]

Man muss bei dem Film unweigerlich an Tom Gunnings These des „Kinos der Attraktionen" und seine Verbindung zum Varieté und Jahrmarkt denken. Auch der Horror, den „Ilsa" darbietet, hat ohne das „Oberflächendesign" der NS-Ästhetik sein geschichtliches Vorbild im Pariser Grand-Guignol oder in den noch heute existierenden Londoner oder Hamburger Mittelalter-Dungeons – Wachsfigurenkabinetten, die sich auf Folterszenen spezialisiert haben. Der zutiefst zynische Aspekt des Films ist, dass fast jedes der dargebotenen Folterexperimente, trotz ihrer grotesken, pornographisierten und nicht zuletzt dilettantisch gespielten Inszenierung, aus der Realität der Menschenversuche der NS-Ärzte entstammt: Druckkabinen, Sterilisationen, Hitzeexperimente, gezielte Infektion mit tödlichen Krankheitserregern. „Ilsa" ist zur popkulturellen Ikone des Trash avanciert, hat Sequels erfahren, schmückt aktuell T-Shirts und hat mindestens drei sie zitierende Reinkarnationen im Mainstream-Popkorn-Kino erfahren: Zum einen die Figur der Dr. Elsa Schneider, einer Nazi-Doppelagentin auf der Jagd nach dem heiligen Gral in *Indiana Jones and the Last Crusade* von 1989. Hier wurde die sadistische Ader des Stereotyps zugunsten der erotischen Attraktion vermindert. Dann die Figur der Eva Krupp als komplettes Zitat in Rob

---

9   Vgl. Sven Kramer über diese Differenzierung Alexander Mitscherlichs in: Sven
    Kramer: „Nacktheit in Holocaust-Fotos und -Filmen", in: *Die Shoah im Bild*, ders.
    (Hg.), edition text + kritik, Boorberg-Verlag, Augsburg 2003, S. 240 f.
10 Vgl.: Abb. 6.

Zombies Fake-Trailer-Beitrag[11] *Werewolf Women of the SS* zu Quentin
Tarantinos *Grindhouse* Projekt von 2007.[12]

Abb. 8: Hellboy

Und schließlich die Figur der „Eva Hauptstein"[13] in Guillermo
del Toros Blockbuster Comic-Verfilmung *Hellboy*, wo in Hinblick auf
ein jugendliches Publikum ebenfalls die pornographische, wie die
sadistische Ader der Figur gedrosselt wurde, während sie dennoch
typische erotische Posen der blonden Sadiconazista-Bestie zur Schau
stellt.[14]

---

[11] Das *Grindhouse* Projekt von Quentin Tarantino und Robert Rodriguez ist eine
   Verneigung vor dem Exploitation, Trash und B-Kino der 70er Jahre. Zwei Filme wurden hier als Double-Feature ins Kino gebracht, dazwischen wurden be-
   freundete Regisseure als Gäste geladen, um kurze Werbetrailer für Filme im
   Geiste des Trashkinos zu entwerfen, die tatsächlich gar nicht existieren.

[12] Vgl.: Abb. 8.

[13] Vgl.: Abb. 7.

[14] Die SS-Domina hat im 21. Jahrhundert im Übrigen ihren Sprung in die virtuel-
   le Welt geschafft. Das Computerspiel *Return to Castle Wolfenstein*, einer inzwischen dreiteiligen, in Deutschland verbotenen, bzw. zensierten Reihe, liefert
   dem Spieler neben gewöhnlichen Nazis, okkulten Nazi-Dämonen und Robo-
   tern mit Hakenkreuzemblemen auch einige an die Figur Ilsa angelehnte com-
   putergenerierte Gegner zum Abknallen in Ego-Perspektive.

Die Schwierigkeit, Sadiconazista als einen geschlossenen Filmkorpus anzunehmen oder als Genre zu definieren, liegt in der He-
terogenität der Produktionen. Sie haben historische Epoche, Stereotypisierungen von Opfern und Tätern und Sexualisierung gemeinsam, die Klammer um diese Filme bilden themenbezogene Motive. Strukturell betrachtet haben aber die exploitativen Sadiconazista, wie *L'Ultima Orgia del Terzo Reich*, *Lager SS 5 – L'Inferno del Donne* oder *Lager SSadis Kastrat Kommandantur* weniger mit ihren Vor-
bildern des provokanten Kunstkinos – also *Salò*, *Il Portiere di Notte*, etc – gemein als vielmehr mit „Nunsploitation" (Softsex SM-
Pornographie in Kontext von Klöstern) oder „Frauengefängnisfil-
men", die zur gleichen Zeit aufkamen. Auch die Figur „Ilsa" legt
in ihren Sequels die SS-Uniform ab und verübt alte Grausamkeiten
in neuen Ausstattungskontexten anderer Zwangssysteme.

Stiglegger unterteilt den Filmkorpus des Sadiconazista in drei
Untergruppen:

„Filme, die auf pointierte Weise versuchen, allgemeine Aussagen über faschistische Systeme zu formulieren: z.B. *Die Verdammten* von Luchino Visconti, der das Schicksal einer aristokratischen Gesellschaftsschicht am Aufstieg und Fall einer Großfamilie zu verdeutlichen versucht".

„Filme, die das totalitäre Zwangssystem als möglichst radikalen, beängs-
tigenden historischen Hintergrund wählen, auf dem private Obsessionen
ausgespielt werden: In Liliana Cavanis *Der Nachtportier* erzählt die Regis-
seurin von einem leidenschaftlichen Dominanz- bzw. Unterwerfungsver-
hältnis, das durch den im Wissen des Rezipienten vorbelasteten geschichtlichen Hintergrund emotional aufgeladen werden soll";

„Filme, die das totalitäre Zwangssystem als dramaturgische Rechtferti-
gung vorschieben, um in breit ausgespielten sadomasochistischen Exzes-
sen schwelgen zu können: Der italienische Routinier Sergio Garrone von
Lager SS 5 hat sich in einem Interview dahingehend geäußert, nur auf
diesem historischen Hintergrund (dem Nationalsozialismus) ließe sich die
Drastik der dargestellten Grausamkeiten rechtfertigen".[15]

Über diese drei Grundgerüste des Filmkorpus hinaus kann dem

---

[15] Marcus Stiglegger: „Sadiconazista – Stereotypisierungen des Holocaust im Exploitationkino".

Sadiconazista ein wiederkehrendes Arsenal an Typen von Charakteren zugeordnet werden, die im Kapitel „Inkorporationen des Holocaust" dieser Untersuchung noch von Bedeutung seien werden.[16]

4.1. Mythisierung

Neben dem Begriff des Traumas, der eingangs als Analysekategorie für den Umgang mit dem Holocaust im Film gewählt wurde, tritt in Stigleggers Abhandlungen über Sadiconazista ein zweites Konzept auf den Plan, das sich nicht zwangsläufig widersprüchlich zum ersten verhält: die Mythisierung.

Was die Problematisierung einer Sprache des Traumas und der phantasmatischen Erzählung vom Holocaust mit der Form des Mythos in der Darstellung der Shoah zunächst gemein hat, ist Folgendes: Genau wie das Trauma als „cultural script" und die angebundenen Kategorien Phantasma und Dissoziation von Verkennen, falsch Erinnern, Verdrängen, Fragmentieren und Halluzinieren sprechen, ist auch der Mythos als ästhetische Kategorie *per definitionem* eine Erzählung, deren Wert zunächst im poetischen, nicht im historischen Wahrheitsgehalt gesucht wird[17], obgleich sich die Forschung natürlich mit dem wahren Kern von Mythen auseinandersetzen kann. Bereits im antiken Griechenland wurde der Mythos von Philosophen wie etwa Epikur oder Platon als Lügenmärchen kritisiert, während gleichzeitig Lesarten entwickelt wurden, die nach einem wahren Kern suchten.[18] Das Wort Mythos an sich hat dabei – ebenso wie der Terminus Trauma – verschiedene Denotationen. Das Fremdwörterlexikon bietet als erste Bedeutung eine erzählerische Überlieferung oder Dichtung aus der Vorzeit eines Volkes an, die sich mit der Erschaffung der Welt, des Menschen, mit Göttern und Dämonen

---

[16]   Marcus Stiglegger: *Sadiconazista – Faschismus und Sexualität im Film*, S. 56 f.

[17]   Vgl.: Ernst Müller: „Mythos/mythisch/Mythologie" in: *Ästhetische Grundbegriffe*, Bd. 4, S. 309. Im Folgenden zitiert als: Müller.

[18]   Patrick Primavesi: „Mythos", in: Erika Fischer-Lichte, Doris Kolesch, Matthias Warstat: *Metzler Lexikon Theatertheorie*, Metzler, Stuttgart, Weimar 2005, S. 214 f. Im Folgenden zitiert als: Primavesi.

beschäftigt[19], des Weiteren eine aus irrationalen, verschwommenen Vorstellungen heraus glorifizierte Begebenheit, Sache oder Person, zuletzt die einfache Definition als „falsche Vorstellung".

Auch der Mythos steht also, wie das Traumatische, zunächst in Opposition zu einer authentischen Darstellung einer Begebenheit. Vom frühen Christentum bis zur europäischen Aufklärung wurde der Mythos als heidnische Theologie abgelehnt oder als Zeugnis archaischer Unvernunft verworfen. Im 19. Jahrhundert gewinnt er jedoch zunächst im Zuge der Werke der Frühromantik und Romantik in der Kunst, dann durch eine Erweiterung des Mythenbegriffs in der Überhöhung politischer, historischer Phänomene wie Revolution, Nationalismus oder Industrialisierung zunehmend Bedeutung und kulminiert in der Propagierung politischer Mythen der totalitären Systeme des 20. Jahrhunderts.[20] Der Mythos erscheint zunächst als das Irrationale, von dem sich eine aufgeklärte Gesellschaft zugleich als das Andere abgrenzt, nach dem sie sich aber auch romantisch zurücksehnt[21], letzteres paradoxerweise, da er ihre eigene Konstruktion ist, die sich erst im Kontrast zu Werten wie Rationalität und Vernunft herausbildet.[22] Darauf, dass eine gedachte Dichotomie von Mythos und Aufklärung letztlich in sich kollabiert, da die Aufklärung in Mythologie zurückschlagen kann, verweisen Horkheimer und Adorno in der *Dialektik der Aufklärung*.

Weiterhin für diese Analyse interessant erscheint, dass Sigmund Freud etwa in seinen Ausführungen zum Mythos in *Zur Ätiologie der Hysterie* den Traum und den Mythos beide als Phänomene an der Grenze von Erinnern und Vergessen, Verdrängung und der Wie-

---

[19] Duden, Bd. 5: *Das Fremdwörterbuch*, Dudenverlag, Mannheim, Leipzig, Wien, Zürich 2001, S. 661.

[20] Primavesi: S. 215.

[21] Auf eine mythisierende Darstellung des Holocaust bezogen stellt sich selbstverständlich Irritation ein, wenn hier von einem „Zurücksehnen" gesprochen wird. Natürlich sind die Motive von „Nazi-Höllen" nicht als sehnsüchtige, romantische Verklärung zu betrachten. Allerdings könnte man vielleicht von einer Sehnsucht nach einer unkomplexeren Vorstellung von der Natur des Bösen sprechen.

[22] Müller: S. 309.

derkehr des Verdrängten analogisiert.[23] So beschreibt Freud die Erforschung des Unbewussten im Vergleich zur archäologischen Ausgrabungsarbeit. Krankheitssymptome seien dabei die Erinnerungsmerkmale eines in der Vergangenheit liegenden, traumatischen Ereignisses, das es wie archäologische Funde freizulegen gelte. Ähnlich soll an dieser Stelle diese Diskursanalyse über narrative und ikonographische Versatzstücke des Holocaust in der Popkultur verfahren. Die Mythisierungen der Popkultur im Umgang mit den Verbrechen des Nationalsozialismus werden als Symptome, vielleicht sogar als Schutzvorstellungen betrachtet, die sich um einen traumatischen, unerreichbaren Kern gelegt haben.

In Freuds späterer Schrift *Totem und Tabu* erfolgt die bekannte Gleichsetzung des „Wilden" und des Neurotikers, in der am Beispiel des Inzest-Verbots und des Ödipus-Mythos eine Klammer um die in dieser Untersuchung relevanten Begriffe Trauma und Mythos gelegt wird.[24]

Was den Mythos-Begriff vom Trauma-Begriff in Bezug auf den Holocaust bei einer naiven, umgangssprachlichen Überprüfung der Kategorien auffällig scheidet, ist, dass Trauma hier eine Kategorie ist, die einem Opferstatus zugerechnet wird, während das Mythisieren zunächst – vor allem in der allgemein gebräuchlichen Verwendung des Wortes – als Verschleiern oder Glorifizieren den Unbeteiligten, Mitwissern und Tätern zugesprochen wird. Es soll aber im Folgenden nicht davon ausgegangen werden, dass die erwähnten Erzeugnisse der Popkultur im strengen Sinne politischen Interessen folgen. Sie sind weder an Täter noch an Opfer gerichtet, vielmehr an eine dritte Generation, die den Holocaust als traumatisches, mediales Ereignis wahrgenommen hat, das zwar in der Vergangenheit liegt, dessen Bilder aber wie ein drohender Schatten der ultimativen

---

[23] Ebd.: S. 338.
[24] Ferner sei erwähnt, dass Freuds Weggefährte Otto Rank bemüht war, die Wechselbeziehung zwischen individueller Traumsymbolik und mythischer Überlieferungen zu erforschen und den Schritt vom individualpsychologischen zu einem gesellschaftlich Verdrängten näher fokussierte.

Verunsicherung des Menschen- und Geschichtsbilds in den Medien zirkulieren.[25]

Stiglegger rekurriert bei der Verwendung des Mythos-Begriffs spezifisch auf Roland Barthes' Modernisierung des Terminus in den Ausführungen des zweiten, theoretischen Teils seiner Essay-Sammlung „Mythen des Alltags". Barthes' semiotischer Ansatz betrachtet Tendenzen der ihn umgebenden Alltagsphänomene und entwickelt an ihnen einen strukturalistischen, semiotischen Mythos-Begriff: Er fasst Mythos nicht als ein Objekt oder eine Idee, sondern als Teil einer komplexen „Aussage" über einen Gegenstand mit einer erkennenden, denotativen und einer übergeordneten, konnotativen Ebene, auf der die Mythisierung stattfinden kann.[26] Auffällig an Barthes' Definition in Abgrenzung zu einem klassischen Verständnis des Terminus erscheint, dass der Mythos sich mit Rationalität und Alltag, mit Produkten der Werbung und den Imaginationen des Kinos verflechtet, anstatt als Erzählung mit einer Diegese in starker raumzeitlicher Trennung zur Gegenwart zu existieren. Diesen Blick teilt er mit Claude-Lévi-Strauss' strukturalistischem „Mythem-Begriff", der Analogien zwischen klassischen abendländischen My-

---

[25]   Die Bilder und der Diskurs um die Shoah in den Medien, und hier greife ich selbst den von mir so ungeliebten Vergleich auf, wirkten eben auf die Kinder meiner 1980er-Fernseh-Generation, als habe sich vor 50 Jahren die Hölle auf der Erde befunden, als hätte man aus dieser Hölle Bildmaterial in unsere Zeit überliefert und mit der impliziten Mahnung versehen, ein solches Grauen könne sich wiederholen. Damit soll auf keinen Fall die These bestritten werden, es handele sich bei der Shoah um ein singuläres Ereignis. Lediglich soll damit zum einen reflektiert werden, dass dem von mir erlebten Diskurs um die Shoah vor dem Hintergrund neu erstarkender rechtsradikaler Bewegungen in meiner Generation stetig die Mahnung folgte, so etwas nie wieder zuzulassen, was natürlich implizit die Möglichkeit eines weiteren Holocaust mitschwingen lässt, zum anderen, dass der Vergleich zur Shoah von den Medien trotz des Postulats der Singularität natürlich dennoch erfolgt. Ich verweise etwa auf die Analogisierung serbischer Internierungslager mit nationalsozialistischen Vernichtungslagern während des Bürgerkriegs auf dem Balkan in den 90er Jahren.

[26]   Roland Barthes: *Mythen des Alltags*, Suhrkamp, Frankfurt a.M. 1964, S. 88 ff. Im Folgenden zitiert als: Barthes: *Mythen des Alltags*.

then, Stammesmythen und mythenförmigen Strukturen der westlichen Zivilisation betrachtet.[27]

Jedes Phänomen, dem die Gesellschaft eine spezifische Botschaft zurechnet, kann somit nach Barthes zum Mythos werden, der sich in denotative und konnotative Ebene der Deutung bei der Wahrnehmung aufteilt. Mythen, so Barthes,[28] verwandelten Sinn in Form und Geschichte in Natur. Aus dem historisch Veränderbaren werde ein scheinbar natürlicher Sachverhalt, während die eigentlich historische Zuordnung verloren gehe.[29] Die Mythisierung eines historischen Ereignisses, wie eben der Shoah, enthistorisiert und entpolitisiert den Gegenstand und transformiert ihn so zu einem System von Zeichen, das lediglich noch auf andere Zeichen verweist. Dieses auf den „Grund der Geschichte die Natur zu setzen" mag so letztlich auch eine Antwort auf die Frage der hier noch zu fokussierenden Filmdarstellungen der Verbrechen des Dritten Reichs als Wirken einer dämonischen Macht sein: In ihnen mag sich, im Erschrecken über den Zivilisationsbruch der industriellen Massenvernichtung durch eine vermeintlich aufgeklärte Gesellschaft,[30] eine Verdrängen-Begehren-Struktur äußern, die entgegen der Komplexität und der „Banalität des Bösen" zumindest für die Zeit der Erzählung das beruhigende phantasmatische Schutzschild einer Welt in göttlicher Ordnung und theologischer Dichotomie kommuniziert; ein Phantasma, in dem der Holocaust ein Zeugnis, nicht einer ultimativen Störung von Menschheits-, Ethik-, Philosophie- und Geschichtsmodell, sondern *ex negativo* geradezu Beweis einer Welt in

---

[27] Vgl.: Claude-Levi-Strauss: *Mythos und Bedeutung*, Suhrkamp, Frankfurt a.M. 1996.

[28] … der im Übrigen an anderer Stelle selbst fundamentale Kritik an der Urformel der Sadiconazista-Filme geübt hat: vgl.: Roland Barthes: „Sade-Pasolini", in: *Le Monde*, 16.06.1976.

[29] Vgl.: Barthes: *Mythen des Alltags*, S. 141 f und Stiglegger: *Sadiconazista – Faschismus und Sexualität im Film*, S. 70.

[30] Interessant, jedoch den Rahmen dieser Arbeit sprengend, erscheint dabei auch, dass Claude Lévi-Strauss in seiner Definition des Mythos seine Funktion so deutet, dass er in ritualisierter Form Paradoxien der Gesellschaft „löst". Eine solche Paradoxie stellt der industrielle Massenmord verübt von einem „Kulturvolk" wohl bis heute dar.

göttlicher Ordnung wäre, nämlich der Existenz des Urbösen, dem Wirken von Satan und seinen Dämonen auf der Erde. Nun muss man natürlich differenzieren, dass beim Spezialfall der Durchmischung der Holocaust-Erzählung mit der Phantastik[31] anders etwa als beim *Nachtportier* oder den *Verdammten* den phantastischen Elementen die Irrealität und Unmöglichkeit auf den Leib geschrieben ist. Während die sadomasochistische Fabel zwischen Henker und Opfer immer noch erst von der Analyse als unplausible, unseriöse Mythisierung an einem authentischen Geschichtsbild gemessen wird, kommuniziert etwa im Falle des okkulten Nazi-Zombies Karl Ruprecht Kroenen, der an späterer Stelle näher analysiert werden soll, oder der Werwölfe in SS-Uniformen aus *Werewolf Women of the SS* bereits das Filmbild gefolgt vom Plot, dass hier nicht von authentischer Darstellung und historischer Korrektheit ausgegangen werden kann. Stellen die phantastischen Filme damit zunächst einen unernsten Spielcharakter aus, stecken sie dann doch ihre Antagonisten in historische SS-Uniformen und durchweben die Narration mit zum Teil schlecht, zum Teil erstaunlich korrekt recherchierten historischen Ereignissen. So platzt Indiana Jones in die Bücherverbrennung am Bebelplatz, treffen die *X-Files*-Agenten einen Nazi-Wissenschaftler, der mit der Aktion *Paperclip* in die USA geholt wurde, begeht sowohl der historische, wie der filmische Dr. Mengele in *The Unborn* Zwillingsforschung und Experimente mit der Färbung der Iris, ist der Auslöser des Unheils in *Constantine* der in eine Nazi-Flagge gehüllte „Schicksalsspeer", die angebliche Longinuslanze.

---

[31] Hans Krah und Marianne Wünsch gehen im Lexikon Ästhetischer Grundbegriffe im Übrigen davon aus, dass, rekurrierend auf einen postmodernen Realitätsbegriff, die hier beschriebene Kategorie von Filmen gar nicht der Phantastik im engeren Sinne zugehören, und führen stattdessen Mischformen anhand von verschiedenen Beispielen an. Vgl. Hans Krah, Marianne Wünsche: „Phantastisch/Phantastik", in: *Ästhetische Grundbegriffe*, Bd. 4, S. 798. Auch Noël Carroll erhebt an anderer Stelle den Einwand, dass der Horror aufgrund seiner Annahme von Alltagsrealität, in die das Monster eindringt, nicht dem Phantastischen zugerechnet werden kann (vgl. Carroll: S. 144 ff.). Diese Einwände werden zur Kenntnis genommen, jedoch in Ermangelung eines besseren Terminus werden die Begriffe Phantastik und phantastisch weiterhin auf die Durchmischung von Holocaust-Erzählung mit Zeitreise, Vampiren oder Dämonen angewandt.

Hitler widmete dieser Reliquie als Teil der „Reichskleinodien" tatsächlich besondere Aufmerksamkeit und plante für die Kunstschät-
ze eigens ein Museum in Nürnberg. Die Lanzenspitze gab dabei
wohl aufgrund ihres Reliquiencharakters in mehreren Fällen Anlass
zu popkulturellen Spekulationen über Nazi-Okkultismus.[32]

Die phantastischen Filme scheinen diese Strategie der Durchmischung von *Fact and Fiction* zur stärkeren Authentifizierung des
phantastischen Plots anzuwenden, Nebenprodukt dieses Verfahrens
ist jedoch, dass die Filme suggerieren, sie könnten – und hier liegt
ihre komplexere, sublimere Form der Mythisierung – zwischen dem
Märchengehalt und dem historisch Korrekten differenzieren[33]: Der
Untote ist Fiktion, seine Uniform historisch korrekt, Indiana Jones
war eine fiktionale Figur, die Bücherverbrennung ein historisches
Ereignis, dass der fiktive SS-Mann Kroenen das Tor zur Hölle öff-

---

[32]   Neben ihrer Rolle in *Constantine* erscheint diese Lanze, mit der angeblich durch
       einen Stich in die Seite der Tod Christi überprüft wurde, im Besitz Hitlers auch
       als Grund dafür, dass in den *Justice Society of America*-Comics von Roy Thomas
       amerikanische Superhelden Nazi-Deutschland nicht früher besiegen konnten,
       auch spielt sie eine Rolle im phantastischen *alternate history setting* des Comics
       The Life Eaters von David Brin und Scott Hampton, ferner ist das Bemühen Hit-
       lers um diese kultische Reliquie wohl die Inspiration dafür, dass die Nazis in
       den Indiana-Jones-Filmen sowohl nach der Bundeslade als auch dem heiligen
       Gral fahnden.

[33]   Ich muss mit Hinblick auf Hayden White allerdings gestehen, dass auch mei-
       ne Arbeit hier an die Grenzen des Diskurses stößt, gehe ich an dieser Stelle
       als Autor-Subjekt ja davon aus, die richtigen von den falschen Geschichten ex-
       akt trennen zu können. Obgleich mir die Problematik bewusst ist, kann ich
       doch keinen Weg hinaus weisen.Diese Anmerkung ist dabei nicht berechnen-
       de rhetorische Humilitas, musste ich doch etwa bei jenen von mir als Faktum
       betrachteten, von den Nazis hergestellten Lampenschirmen aus Menschenhaut
       selbst erfahren, wie Mythen zirkulieren und sich in ein Geschichtsbild einschlei-
       chen (der letzte Stand meiner Nachforschungen geht von *einem* Versuch, aus ge-
       gerbter Menschenhaut einen Lampenschirm zu bauen, in Buchenwald aus, wo-
       hingegen eine allgemeine Vorstellung einer zumindest manufakturiellen, wenn
       nicht industrielle Ausmaße annehmende Herstellung zirkuliert. Gleiches gilt
       im Übrigen für Seife aus menschlichem Fett, während etwa das Verwerten der
       Haare der Opfer von Auschwitz ein historisches Faktum ist. Vgl.: Lawrence
       Douglas: „The Shrunken Head of Buchenwald: Icons of Atrocity at Nurem-
       berg", in: Barbie Zelizer (Hg.): *Visual Culture and the Holocaust*, Rutgers Uni-
       versity Press, New Brunswick, New Jersey, 2001, S. 275 – 299.

nen wollte und Dr. Mengele versehentlich Dämonen in seine Opfer verpflanzte, ist Unsinn, dass der Holocaust allein mit dem Urbösen im Menschen und alle Beteiligten nach den Figurenzeichnungen der Sadiconazista in Termini der Sexualparaphilien erklärbar ist, ist ... real ... !?! Hayden White diagnostizierte dem postmodernen Doku-Drama und der historischen Metafiktion, dass reale Ereignisse die Merkmale von imaginären erhielten, während imaginäre Ereignisse mit Realität ausgestattet würden: „Alles wird präsentiert, als ob es von derselben ontologischen Ordnung wäre, sowohl real als auch imaginär – realistisch imaginär oder imaginär realistisch – mit dem Resultat, dass die referenzielle Funktion der Bilder des Ereignisses abgeschwächt wird."[34]

Auch wenn die phantastischen Filme[35] einen irrealen Plot aufweisen, Monster, Geister und Zeitreisen auffahren, kommunizieren sie dennoch über historische Ereignisse, transportieren kulturelle Phantasietätigkeit über das Dritte Reich und den Holocaust und fordern den Zuschauer dabei bisweilen sogar dazu heraus, wie etwa in Bryan Singers *X-Men*, ihren phantastischen Anteil als Metapher mit wahrem Kern zu lesen.

4.2. Das Karnevaleske in Uniform

Was Marcus Stiglegger in seiner Analyse des „Naziploitation" kaum beachtet – dies mag an seinem Schwerpunkt auf den Sadiconazista erster Welle liegen – ist eine ästhetische Kategorie, die sich

---

[34] Hayden White: „Das Ereignis der Moderne", S. 195 f. Interessant hierzu auch die Aussage Uwe Bolls für die Motivation seines *Auschwitz*-Films: Neben der Betonung Bolls, angesichts mangelnder Aufklärung über den Holocaust nun endlich einen Film zu liefern, der schonungslos die Arbeitsschritte der Massenvernichtung bebildert, räumt er gegenüber der Presse ein, dass die übriggebliebenen KZ-Kulissen für seinen Vampir-Actionfilm *Bloodrayne 3:The Third Reich* die Entscheidung zur Produktion des *Auschwitz*-Projekts begünstigten. http://www.youtube.com/watch?v=9pZCgGDPJsI, 25.03.2011, 13:40 Uhr.

[35] Den fraglichen Sprung in ein neues Medium schafft dabei der Ego-Shooter *Darkes of Days*, der – beeinflusst von Filmikonographie und Stereotypen – im Modus des Hyperrealismus ein Konzentrationslager als Kulisse liefert, aus dem man in einer der Missionen des Spiels zum Zweck der Korrektur der Zeitlinie einen Häftling mit Waffengewalt befreien muss.

bei der Betrachtung des Verhältnisses von Publikum und Film bei den Trash- und Exploitation-Sadiconazista abzeichnet. Nicht wenige dieser Filme genießen den subkulturellen Kultstatus eines makabren Gegenkinos, das ebenso wie *Pink Flamingos* oder *Blood Feast* den Darstellungsmodus des Grotesken bedient.

Das Wechselverhältnis von Kino und dem Grotesken, wie es hier als Analysekategorie verstanden wird, soll so knapp wie möglich umrissen werden. Die etymologische Wurzel des Terminus liegt dabei im italienischen Wort „grottesco" mit der lateinischen Wurzel „grotta" für Grotte oder Höhle und geht auf antike römische Ornamentmalereien, „Arabesken", zurück, die man gegen Ende des 15. Jahrhunderts in vermeintlichen Höhlen, die eigentlich zu unfertigen Palastbauten des Domus Aurea aus dem Jahr 64 A. C. gehörten, wiederentdeckte. Charakteristisch sind Motive phantastischer Durchmischungen von Menschen, Tieren und Pflanzen, die darauffolgend zur Mode avancierten.[36] Schon hier steht das Groteske in einem konnotativen Verhältnis zum Bizarren, Hässlichen und eben auch Phantastischen. Es sind allerdings die Ausführungen des Literaturwissenschaftlers Michail Bachtin über die Ästhetik des Grotesken in seiner Verbindung zur Volkskultur des Karnevals des europäischen Mittelalters und der Renaissance, die die Brücke zu dem hier fokussierten Filmkorpus schlagen sollen. Bachtin beschreibt anhand des Werks François Rabelais', wie die karnevaleske Groteske als ästhetische Kategorie, die einer volkstümlichen Gegenkultur zuzurechnen ist, sich in die Literatur einschreibt. Die Groteske wird hier als Anti-System gedacht, eine Ästhetik, die sich durch den Gegensatz zur Norm (etwa der neoklassischen Tradition) definiert.[37] Auf diesem eigentlich literaturwissenschaftlichen Modell fußen auch filmanalytische Ansätze wie etwa die der American Culture Studies zum Grotesken im Kino, das sich als Anti-System zu Hollywood aber auch Arthouse, im populären Gegenkino des Splat-

---

[36] Elisheva Rosen: „Grotesk", *Ästhetische Grundbegriffe*, Bd. 2, S. 880 ff. Im Folgenden zitiert als: Rosen.
[37] Ebd: S. 879.

terfilms, der „Animal Comedy", des Mitternachtskinos[38] oder des Trash identifizieren lässt.[39]

Doch gibt es auch Ansätze, wie etwa von Ruth Liebermann in „Diejenigen, die selbst beim Lachen keinen Spaß haben", die Filme wie Lina Wertmüllers *Pasqualino Settebellezze* – wie bereits erwähnt eines der intellektuellen Vorbilder der exploitativen Sadiconazista – und Benignis *La Vita È Bella* unter dem Vorzeichen des Karnevalesken in der Holocaustdarstellung betrachten.[40] Liebermann führt aus:

> „Als markante Beispiele karnevalesken Humors sollen *Pasqualino Settebellezze* sowie die künstlerischen Arbeiten von Susan Erony und Erika Marquardt und zwei Erzählungen Tadeusz Borowskis, *Bitte die Herrschaften zum Gas* und *Und sie gingen ...*, als Modelle dienen, an denen ich untersuchen will, inwieweit das Karnevaleske ein für die Darstellung des Holocaust relevantes Genre ist. Die ausgewählten Beispiele veranschaulichen jeweils unterschiedliche, bedeutsame Manifestationen des Karnevalesken. In der Darstellung des Holocaust wird das Karnevaleske nur selten als künstlerischer Modus in Anspruch genommen. Das mag zum Teil am subversiven Charakter des Karnevalesken liegen, dem nichts heilig ist, das sich über alles lustig macht und außerdem keine Erlösung anbietet, zumindest nicht auf der Ebene der Darstellung, wenn auch möglicherweise in seiner performativen Dimension oder im Ausagieren. Da das Karnevaleske, wie ich anführen werde, Aspekte des Holocaust auf entscheidende Weise nachahmt, erweckt eine karnevaleske Interpretation eher den Anschein einer Inszenierung als den einer Darstellung des historischen Sachverhalts.

---

38   „Splatter" bezieht sich als Subgenre des Horrorfilms auf eine Form des Exploiation, die Ihren Schauwert aus extremer Gewaltdarstellung, Folter und Verstümmelung zieht. „Animal Comedy" oder auch „Gross Out" bezeichnet eine anarchische Unterkategorie der amerikanischen Komödie, deren Humor stark unter der Gürtellinie verortet ist. Die Intention ist, das Publikum mit Zoten und Ekel gleichzeitig zu schockieren und zu amüsieren. Das „Mitternachtskino („Midnight Movies") basiert auf einer Praxis US-amerikanischer Kinos der 70er Jahre, in Spätvorstellungen Filme abseits des Mainstreams ins Programm zu nehmen, die z. T. durch diese Vorführungen trotz ihres B-Charakters zu Kultfilmen avancierten.

39   Vgl.: William Paul: *Laughing Screaming*, Columbia University Press, New York, 1994.

40   Ruth Liebermann: „Diejenigen, die selbst beim Lachen keinen Spaß haben", in: *Lachen über Hitler – Auschwitz-Gelächter? Filmkomödie, Satire und Holocaust*, Fröhlich, Loewy, Steinert (Hg.), edition text + kritik, Boorberg Verlag, Stadtbergen 2003, S. 273 ff. Im Folgenden zitiert als: Liebermann.

Es ist also ein gewisser Grad an Mimesis vorhanden. Viele Künstler und Filmregisseure werden eine solche Gestaltung lieber vermeiden wollen, da sie das Publikum traumatisieren könnte".[41]

Dem letzten Punkt, dem Wechselverhältnis von karnevaleskem Darstellungsmodus und einer möglichen Traumatisierung des Publikums, soll nicht uneingeschränkt zugestimmt werden. Die Vermeidung dieser Darstellungsart ist m. E. weniger aufgrund der Gefahr der Traumatisierung, denn des makabren geschmacklichen und gesellschaftlichen Tabubruchs zu suchen, den eine solche Bearbeitung dieses Themas mit sich bringt.

Das Groteske des Karnevalesken generiert sich aus der Darstellung des transgressiven Körpers (bei *Ilsa* etwa kastrierte Häftlinge), des geöffneten Leibes (drastische Darstellung medizinischer Experimente), der Sexualität (Vergewaltigungsorgien), aller ekelerregenden Körperflüssigkeiten (Blut, Eiter, Urin, Sperma), Motiven der Zerstückelung, der Aufhebung der Körpergrenzen und des schwangeren Todes (die Domina mit den schwellenden Brüsten in SS-Uniform).[42] All dies bedienen die Foltersequenzen der exploitativen Sadiconazista zweiter Welle in einem Modus, der das Lachen und das Schreien des Publikums aneinander bindet.[43] Der wahre Kern der historischen Grausamkeiten der KZ-Exekutionen und Experimente wird durch das explizite „Zu Viel" der Einstellung und die unfreiwillig komische, billige Machart sowie das schlechte Spiel zur Mésalliance profanisiert. Das Lachen des Publikums scheint ein Oszillieren zwischen erschrecktem Von-sich-Weisen des Ekels und empörter Verunsicherung aufgrund der Respektlosigkeit der Groteske und des Tabubruchs.

Auffällig erscheint, dass die Versatzstücke des Holocaust in diesen Sadiconazista zweiter Welle keine Bilder für die Massenver-

---

[41] Ebd. S. 274.

[42] Michael Bachtin: *Rabelais und seine Welt. Volkskultur als Gegenkultur*, Suhrkamp, Frankfurt a. M. 1995. S. 359 ff. Im Folgenden zitiert als: Bachtin.

[43] Interessant im Hinblick auf das vorherige Kapitel erscheint nebenbei bemerkt, dass nach Bachtin das Höllenmotiv und gerade die von Dante inspirierte Höllendarstellung sowohl Grundelement des volkstümlich-festlichen Karnevals als auch des Grotesken bei Rabelais ist. Vgl.: Bachtin, S. 431 ff und S. 414.

nichtung suchen. Ihr Interesse gilt zum einen den Exekutionen von Individuen und überschaubaren Gruppen, deren Maximalzahl nicht in die Hunderte geht, sondern sich – polemisch gesprochen – an der Normgröße dessen orientiert, ab wann eine Anzahl von Personen sich eine Orgie nennen kann, zum anderen haben jene Naziploitation-Streifen ein unangenehmes Interesse an den medizinischen Gräueln des Dritten Reichs.

Der Modus des Profanisierens soll auf keinen Fall moralisch gerechtfertigt werden, er enthält aber jenseits seiner sadopornographischen Schauwerte[44] eine gewisse Logik, die sich auch zum Begriffsfeld des Traumas verhält: Das Karnevaleske hatte historisch die Funktion, ja die gesellschaftspsychologische Aufgabe, für eine liminale Phase (die Dauer des Karnevals damals/die Dauer des Horrorfilms heute?) gesellschaftliche Institutionen und fest verankerte Werte außer Kraft zu setzen und das Erhabene zu profanisieren, um so in einer Art Ventilfunktion für eine begrenzte Zeit eine regenerative Befreiung von unterdrückenden Machtstrukturen zu erzeugen. Gesellschaftlicher Stand und selbst heilige Kontexte, auf deren Verballhornung im Alltag empfindliche Strafen gestanden hätten, waren im Karneval zumindest symbolisch angreifbar. Auch Auschwitz erfüllt, wie bereits dargelegt, nach diversen Theorien eine Kategorie des Erhabenen – etwa nach Jean-François Lyotard oder dem Bild des „Flammenkreises" von Claude Lanzmann. Hayden White ließe sich in diesem Zusammenhang sogar für eine Erklärung der Splatter-Ästhetik heranziehen, geht er doch davon aus, dass das „holocaustal

---

[44]   … mit Hinblick darauf, dass das Publikum zumindest in heutigen Projektionen (verwiesen sei auf die Nazi-Trash-Reihe der *Freunde des schrägen Films* im Babylon Kino, Berlin 2009) dieser Filme nicht masturbiert sondern – sofern es im Saal bleibt und somit dem Akt der Interaktion zustimmt – lacht oder amüsiert geekelt durch die vorgehaltene Hand blickt. Dies könnte im Übrigen ein Hinweis darauf sein, dass diese Filme unter Trash-Liebhabern erst zum Karnevalesken umgeformt wurden, was die Kategorie in der Filmwissenschaft nicht zuletzt zu einem historisch wandelbaren Rezeptionsmodus macht. Gerade für *Sadiconazista* eine normgültige Rezeptionshaltung zu postulieren, muss als extrem problematisch erachtet werden. Der Tabubruch des historischen Settings muss, so denke ich, ein deutsches Publikum heftiger affizieren, als es dies etwa bei einem asiatischen der Fall wäre, etc. …

event", wie er es nennt, die klassischen Kategorien der Geschichts-
darstellung sprenge und eher in den ästhetischen Termini des Erhabenen und des Ekels zu fassen sei.[45] Vor diesem Hintergrund erscheinen die Sadiconazista und ihre Auswirkungen auf das zeitge-
nössische Kino als karnevaleskes „Spiel mit der Katastrophe"[46].[47]
Auch dieses ist nicht unvereinbar mit der Kategorie des Traumas,
in dem Kino als Akt des posttraumatischen Spiels für Erwachsene
gedacht werden kann.

Das Karnevaleske in der Darstellung von Versatzstücken des
Holocausts zieht sich als Zitat ins aktuelle Kino. Genannt seien
nur einige Beispiele des aktuellen, selbstreferenziellen Nazi-Trash-
Films: Rob Zombies Fake-Trailer für Quentin Tarantinos und Robert
Rodriguez' Grindhouse-Projekt: *Werewolf Women of the SS*, Quentin
Tarantinos eklektisches Popkultur-Zitatenspiel *Inglourious Basterds*,
der SS-Zombiefilm *Dead Snow* oder die deutsche Produktion *Der gol-
dene Nazi-Vampir von Absam II – Das Geheimnis von Schloss Kottlitz*.[48]

Doch Popkultur-Mythen der Sadiconazista, und hier kann man
wieder Stiglegger folgen, haben sich nicht nur in einer Parallelge-
schichte des Kinos der Exploitation- und Trash-Liebhaber eingeschrieben, ihre Figurenentwürfe, ihre sexualpathologischen Erklä-

---

[45]   Hayden White: „Das Ereignis der Moderne", S. 201.
[46]   Siegfried Kracauer: „Marseiller Notizhefte", Vorarbeiten zur *Theorie des Films*,
       zitiert nach Bratze-Hansen, S. 265 f.
[47]   Dass Auschwitz eigentlich weder jenes von Bachtin als „unendeckt" gekenn-
       zeichnete, subversive, volkstümliche Lachen des Karnevals (vgl. Bachtin: S. 52
       ff.) noch ein bürgerliches, kathartisches Lachen erhalten dürfte und kann, daran
       soll diese Arbeit keinen Zweifel lassen.
[48]   Der Film ist gar eine auf das amerikanische Trash-Kino rekurrierende deutsche
       Produktion, die es wagt, aufgrund der ausgestellten neuen deutschen Selbstiro-
       nie, die ihren Anfang wohl in Hitler-Komödien nimmt, eines der menschen-
       verachtendsten Verbrechen von Buchenwald in einen Filmgag zu transformie-
       ren: Der Antagonist des Films, ein Oberkommandierender Offizier einer SS-
       Kadettenanstalt und Vampir in Personalunion, warnt den eingeschleusten bri-
       tischen Geheimagenten in seinem Büro: „Vorsicht, hier haben selbst die Lam-
       pen Ohren!" *Müsste es nicht heißen, hier hätten die Wände Ohren?*, soll sich der
       Zuschauer fragen, während die Kamera eine Einstellung der Schreibtischlam-
       pe des SS-Vampirs vornimmt: Der Lampenschirm ist aus Menschenhaut. Auf-
       grund der Bedeutungslosigkeit des Films ist dieser KZ-Humor kaum proble-
       matisiert worden und die DVD im deutschen Handel erhältlich.

rungsansätze des Holocausts finden ihren Niederschlag auch im modernen Unterhaltungskino namhafter Regisseure. Der (gescheiterte) Versuch Michael Manns, 1983 mit *The Keep* einen Box-Office-Hit zu landen, zeugt ebenso davon wie das Kino Bryan Singers, der sich mit *Valkyre* zuletzt um „Authentiéeindruck"[49] in der Inszenierung der Stauffenberg-Figur bemühte, der jedoch auch mit *X-Men* die Shoah mit der Phantastik verwebt und mit *Apt Pupil* einen Thriller im Erbe der Sadiconazista abliefert.

Und es ist gerade der Name Steven Spielberg, der auf der einen Seite die Evil Villain-/ Comic-Nazi-Phantasmen in *Raider of the Lost Ark*, *The Last Crusade* und *Twilight Zone* im Popkornkino etablierte, gleichzeitig aber auch mit *Schindler's List* und *Saving Private Ryan* ernsthafte Geschichtsaufarbeitung anstrebte.

Gerade Spielbergs auf dem historischen Vorbild aufgebaute Figur Amon Göth stellt sich als Chimäre zwischen dem nach Authentiéeffekt strebenden Ansatz und der Bildrhetorik des Filmmonster dar.[50] Bezeichnend erscheint es dabei, dass im Juni des Jahres 2003 Amon Göth – die Filmfigur – vom *American Film Institute* auf Platz 15 der 100 größten Filmschurken aller Zeiten gewählt wurde. Dass das *Alien* aus dem gleichnamigen Ridley Scott Film auf Platz 14 die Figur knapp überrundete, während sie den weißen Hai und den Terminator auf ihre Plätze verweisen konnte, zeigt zum einen, dass es hierbei nicht um schauspielerische Leistung sondern den Horroraffekt geht, den die Figur im Zuschauer zu evozieren vermag, zum anderen, wie die ins Melodram oder Historiendrama eingeordnete Produktion Spielbergs doch in der Rezeptionshaltung in Horrorkino umschlagen kann.[51] Es sollte allerdings als problematisch erachtet werden, Amon Göth unreflektiert als Stereotyp in der Tradition des Sadiconazista oder der Hollywood-Comic-Nazi-Imagination zu verstehen.[52] Zunächst einmal muss betont werden, dass der Film die

---

[49] Kirsten: S. 141 ff.
[50] Vgl.: Picart, Frank: *Frames of Evil*, S. 78 ff oder Judith Halberstam: *Skin Shows*, Duke University Press, Durham, London 1995, Third Printing 2000, S. 117 ff. Im Folgenden zitiert als: Halberstam.
[51] http://www.afi.com/tvevents/100years/handv.aspx, 18.10.09, 12:18 Uhr.
[52] Vgl.: Halberstam: S. 117 f oder etwa Picart, Frank: S. 40 und S. 73 ff. Differenzier-

sadistischen Exzesstäter privilegiert, da sich an ihnen, anders als an der bürokratischen Massenvernichtung, eine Plotstruktur abzeichnen lässt. Dennoch sind die Exzesstäter historisch gesehen selbstverständlich nicht als Mythisierung zu bezeichnen, sondern bilden neben den Bürokraten, den Befehlshabenden und Befehlsausführenden, den Häftlings-Kollaborateuren, und den KZ-Ärzten, welche Attribute ihnen auch immer zur Seite gestellt werden müssen, ob kalt, amoralisch, psychotisch, opportunistisch, soziopathisch etc. eine Tätergruppe. Es ist lediglich auffällig, dass die verkürzten kausalen Erklärungen für die Shoah in Filmplots sich oft, und damit überrepräsentiert, mit dieser Tätergruppe und somit mit dem Modell der unpolitischen Gewaltlust behelfen, um Sinnzusammenhänge zu generieren. Amon Göth weist verschiedene Aspekte der Tätergruppen auf. Anhand der Massenexhumierungssequenz wurde bereits dargelegt, wie er durch seine Dialogzeilen die Brücke vom mythischen Urbösen der Bildrhetorik zurück zum kalten, technokratischen Aspekt schlägt. In der Sequenz jedoch, in der er seine jüdische Haushälterin Helene Hirsch sexuell attackiert, dominiert in Inszenierung und Blickstruktur das sadistisch Monströse im Sinne des Sadiconazista-Filmmonsters.[53] Er verkörpert also zumindest – anders als viele der Sadiconazista-Stereotype – Gewaltlust und Gewaltarbeit in einer Figur. Die Exekution Göths am Ende des Films mag die Erzählung mit denen des klassischen Horrorkinos parallelisieren, in denen das Monster getötet wird, um die gesellschaftliche Stabilität wiederherzustellen. Göth hängt als Stellvertreter alles Unmenschlichen, das der Film dem Zuschauer gezeigt hat. Strukturell hat sein Figurenentwurf die Funktion, die zum Scheitern verurteilte Repräsentation des Holocaust und seine symbolische Überwindung für den Zuschauer phantasmatisch zu bearbeiten: eine Funktion, die sich an Mechanismen des Horrorkinos orientiert – die Inkorporation.

Widmeten sich die vorangegangenen Kapitel dem Forschungs-

---

ter setzt sich Marcus Stiglegger in seiner Figurenanalyse mit Göth auseinander: Stiglegger: *Sadiconazista – Faschismus und Sexualität im Film*, S. 174 ff.

[53] Vgl.: Caroline Joan (Kay) S. Picart, David a. Frank: „The Monstrous Gaze", in: (dies.): *Frames of Evil*, S. 78 ff.

stand, den theoretischen Axiomen und dem ästhetischen Ursprung des hier zu analysierenden Gegenstands, werden in den folgenden Kapiteln in Einzelanalysen verschiedene Motive und narrative Versatzstücke betrachtet, die in Ihrer Gesamtheit die „Vexierbilder des Holocausts", wie sie in der populären Kultur in Erscheinung treten, generieren. Die Analyse wird sich mit den Mitteln der Genretheorie von Werk zu Werk begeben, um Gemeinsamkeiten und Muster herauszuarbeiten – allerdings nicht, um ein Genre, sondern einen Diskurs zu belegen. Das folgende Kapitel konzentriert sich dabei auf Figurenanalyse, während das daran anschließende auf narrative Strukturen, Genremuster und Plotvarianten fokussiert sein wird.

5.   Inkorporationen des Holocaust

„Nazis ... I hate these guys!"

Dr. Henry „Indiana" Jones, Jr, *Indiana Jones and the Last Crusade*.

5.1. Karl Ruprecht Kroenen

Karl Ruprecht Kroenen ist eine fiktionale Figur, die dem Comic-Universum des Zeichners Mike Mignola entstammt. Kroenen ist der Gegenspieler „Hellboys", des beliebten Superhelden aus den gleichnamigen Comics. Der Antagonist Kroenen erscheint ebenfalls in der Hellboy-Verfilmung Guillermo del Toros aus dem Jahr 2004 und erfährt dort etwas, das in der Comic- und Science-Fiction-Fankultur als „Reboot"[1] bezeichnet wird, einen Neuentwurf, basierend auf der Originalfigur, der aber mit dem bisherigen, als geschlossene Diegese entworfenen und von den Fans als kanonisch angesehenen Serienuniversum bricht. Dieses *Reboot* der Figur besteht, basierend auf dem Original-Kroenen der ersten Comic-Vorlage, zum einen aus der Darstellung auf der Leinwand, zum anderen aus einem den Film begleitenden, neueren Comic, der die Vorgeschichte der Figur erzählt. Es soll im Folgenden davon ausgegangen werden, dass einer breiten Fankultur diese Hintergründe weitestgehend bewusst sind, das heißt, dass die fiktionale Biographie sich aus so unterschiedlichen Medien wie Comic und Film, sowie dem Internet, wo sie in Foren diskutiert wird, speist und somit einen quasi intertextuellen

---

[1]   Der Begriff ist der EDV-Fachsprache für den Neustart des Betriebssystems eines Computers entlehnt. Obwohl ich mich normalerweise sehr dagegen sträube, die Online-Enzyklopädie Wikipedia als zitierfähig anzusehen, bleibt mir in diesem Fall keine andere Wahl, da zitierfähige Lexika das „Reboot" (wahrscheinlich aufgrund der Aktualität, siehe:*Batman Begins* (2005), *Halloween* (2007), *Star Trek XI* (2009), *Friday the 13th* (2009), uva) als Film-Phänomen in Abgrenzung zum Remake bisher nicht wahrgenommen haben: http://en.wikipedia.org/wiki/Reboot_(fiction){\#}Etymology, 27.10.09, 14:34 Uhr.

Gesamtentwurf der Figur im Zuschauer[2] generiert. Bevor das Konzept der Inkorporationen näher fokussiert werden soll, soll dieser intertextuelle Figurenentwurf Kroenens zunächst kurz anhand seiner „Biographie"[3] dargelegt werden:

Karl Ruprecht Kroenen wird 1897 in München geboren. Als Junge bereist er die Hauptstädte Europas und singt in Opern bis der Stimmbruch seine Gesangskarriere beendet. Dieser Aspekt seiner Figur verweist auf eine beliebte Komponente der Darstellung des Nazis: Eine zivilisierte blonde Bestie, die es vermag, mit den von der letzten Exekution noch blutigen Händen Mozart auf dem Klavier zu spielen. Solche Sequenzen finden sich explizit in *Werewolf Women of the SS* aber auch in *Schindler's List*. Sie sind das traumatische Symbol der Sprache des Horrors für den Zivilisationsbruch.[4]

Sehr früh in seinem (fiktiven) Leben zeigt Kroenen Anzeichen einer abnormen Sexualität, gewinnt Lust durch masochistische Praktiken wie Selbstauspeitschung. An dieser Stelle erscheint sehr deutlich das Erbe der Sadiconazista-Mythen, die in der Popkultur in den modernen Blockbustern als Zitate fortleben. Als Jugendlicher entwickelt die Figur Kroenen eine wahnhafte Dismorphophobie, eine Art Körperwahrnehmungsstörung, die zu einer Geisteskrankheit führt, die im Film *Hellboy* als „surgical addiction" bezeichnet wird: ein Zwang zur Selbstverstümmelung durch chirurgische Eingriffe, in

---

[2] Natürlich nur in manchen Zuschauern, man kann schließlich auch nur den Comic, nur den Film oder nur die Action-Figur kennen.

[3] Vgl.: http://hellboy.wikia.com/wiki/Kroenen, 12.12.2009, 13:29 Uhr oder die Beschreibungen zu einem der unzähligen „Fan-Videos" für den fiktiven SS-Mann, „Karl Ruprecht Kroenen: Hitler's Best Assassin" auf YouTube: http://www.youtube.com/watch?v=tm7UcDG8P4o, 12.12.2009, 13:49 Uhr.

[4] Teilaspekte dieses scheinbaren Paradoxes des inkorporierten Zivilisationsbruchs leben im modernen Horrorkino in Hannibal Lecter, dem kannibalistischen Psychiater weiter, der etwa Flötisten verspeist, da sie seiner Meinung nach das Gesamtspiel der Philharmoniker stören. Wen er im Übrigen dort im traumatischen Wiederholungszwang nachahmt, macht erneut der intertextuelle Entwurf seiner Figur fest: Im Roman *Hannibal* bzw. im vierten Teil der *Silence of the Lambs*-Reihe *Hannibal Rising* erfahren wir, dass Nazi-Soldaten im zweiten Weltkrieg in Litauen, wo er herstammt, seine kleine Schwester in seiner Anwesenheit verspeisten. Auch dieser Ikone des postklassischen Horrorkinos liegen also als Urböses ursprünglich die Nazis zugrunde.

dessen Zuge er sich – körperliche Perfektion anstrebend – Lippen, Augenlider, Zehen- und Fingernägel entfernen lässt. Ferner entwirft er aufgrund seiner Angststörungen eine Gasmaske zum Filtern von Bakterien aus der Luft, die er permanent trägt.

Eine weitere seiner Obsessionen besteht darin, lebenden Wesen mechanische Komponenten einzufügen, um sie zu perfektionieren. Eine Praxis, der er auch seinen eigenen Körper unterzieht. Schon hier schwingt in seiner fiktionalen Biographie die Horrorvorstellung des vivisezierenden KZ-Arztes mit. Kroenen ist dabei aber offenbar Frankenstein und Monster in einer Person.

Anfang der dreißiger Jahre – hier beginnt sich seine fiktionale Entwicklung zum Monster mit historischen Versatzstücken zu verbinden – schließt Kroenen sich der NSDAP an und tritt 1933 der SS bei. Kroenen wird nun zum semiotisch-monströsen „Über-Nazi" (in Anlehnung an Bazins „Über-Western"[5]) stilisiert. Er wird Obersturmbannführer der SS, erhält das eiserne Kreuz erster Klasse, avanciert zu Hitlers Top-Attentäter (Kroenen hat Klingen, die aus seinen Armen springen wie ein übersteigertes, groteskes Zitat des in sich bereits grotesken Laurence Oliviers in *Marathon Man*), ist eine zeitlang Kommandant von Auschwitz und wird Kopf der okkulten Thule-Gesellschaft. Hier wird er mit dem Projekt Ragna-Rok[6] betraut, einem Vorhaben Hitlers, ein Höllentor zu öffnen und mit Hilfe sieben uralter Gottheiten des Bösen, sogenannter „Ogdru Jahad" für die Nazis den Krieg zu gewinnen. Das Vorhaben, dieses Portal zur Hölle aufzustoßen, wird im Film dargestellt. Die Sequenz ist ein Metacluster von Pop-Mythen: Hier verwebt sich der dämonische Nazi, die Figur Eva Hauptstein, als *Sadiconazista*-Zitat der Domina in SS-Uniform, der moderne Pop-Mythos um den amerikanischen Schriftsteller H. P. Lovecraft – der sogenannte Cthulu-Mythos – mit den historischen Fakten des Germanentum-Okkultismus der Nationalsozialisten und des zweiten Weltkriegs. Für die Zeremonie hat die SS einen weiteren mythischen Gaststar bestellt: die okkulte geschichtli-

---

[5] André Bazin: *Was ist Film?*, Alexander-Verlag, Berlin 2004, S. 268 ff. Im Folgenden zitiert als: Bazin.

[6] Wieder, wie zuvor in *Schindler's List*, erfolgt hier der beiläufige Verweis auf ariosophische Pseudolehren, germanische Mythologie und Neopaganismus.

che Gestalt Rasputins wird zum *Evil Villain* stilisiert, der Hitler versprochen hat, mithilfe schwarzer Magie eine Wunderwaffe zu kreieren.

Dass Kroenen zugleich Kopf der Thule-Gesellschaft und an jenem Projekt Ragna-Rok beteiligt ist und zudem, zumindest für Fans der begleitenden Comic-Reihe, als Kommandant von Auschwitz dargestellt wird, ist ein symptomatischer Umgang der Phantastik mit dem Holocaust: Dem grauenhaften, historischen Zivilisationsbruch muss im popkulturellen, mythisierenden Ansatz ein monströser Verschwörungsplot zugrunde liegen, der das historische Verbrechen verstellt und dabei die Shoah für die Diegese des Films als sinnhaft in der Logik des „*Evil Villain*-Plots" darstellt: Im Falle der TV-Serie *X-Files* das Züchten menschlich-außerirdischer Hybride durch KZ-Ärzte, im Falle einer weiteren Comic-Reihe Mike Mignolas, *B.P.R.D. 1946*[7], das Brüten von mutierten „Supersoldaten" in jenen Sanatorien, in denen das Euthanasie-Programm der Nazis durchgeführt wurde, in Fabien Nurys und John Cassaday Graphic Novel *Je Suis Légion*[8] der Missbrauch von KZ-Häftlingen als telepathisch kontrollierte Elitesoldaten ohne Überlebensinstinkt, in dem phantastischen *alternate history setting* des Comics *The Life Eaters* von David Brin und Scott Hampton das Industrialisieren nekromantischer Opferpraktiken zur Beschwörung der Asen[9], in dem Horrorfilm *The Unborn* Zwillingsexperimente okkulter Natur durch Dr. Mengele, in dem japanischen Anime[10] *Urotsukidoji II* das Beschwören eines Dämons durch einen KZ-Arzt im Auftrag und Beisein Hitlers in Berlin durch eine gigantische, okkulte Folterapparatur, in der Mystery-Fernsehserie *Millennium* in Rückblenden angedeutet das Herbeiführen der Herrschaft Satans auf der Erde und

7   Mike Mignola (Autor), Joshua Dysart (Autor), Paul Azaceta (Zeichner): *B.P.R.D.: 1946*, Vol. 9, Dark Horse Comics, Milwaukie, Oregon 2008.

8   Fabien Nury, John Cassday: *Ich bin Legion*, Amigo Grafik, Asperg 2008, S. 47 ff.

9   David Brin, Scott Hampton: *The Life Eaters*, Wildstorm, La Jolla, Ca, 2003, S. 16 f und 46.

10   Ausführungen über die Figur des Nazi als Chiffre für sexuelle Gewaltphantasien in der japanischen Manga- und Animekultur würden den Rahmen dieser Arbeit sprengen, einige Hinweise dazu finden sich aber bei: Picart, Frank: S. 131 f.

in *Hellboy* eben – nicht explizit im Film ausgesprochen, aber in der Pop-Mythos-Figur Kroenen[11] konnotativ mitschwingend – ein auf unheimliche Weise auf die Etymologie des Wortes *Holocaust* rekurrierender, schwarzmagischer Opferkult, der ein Tor in eine dunkle Dimension fremdartiger, archaischer Götter öffnen soll.

Kroenen ist ein paradigmatisches Beispiel für die auf den Leib geschriebenen Verdichtung von Holocaust-Signifikanten des Films, die – so soll aufgezeigt werden – eine gewisse Tradition im Kino hat und im folgenden Kapitel zunächst an Filmfiguren überprüft und dann mit der Verwandtschaft zum Monster des Horrorfilms als kulturellem Objekt verglichen werden soll.

5.2. Inkorporationen

Grundannahme dieses Kapitels ist es, dass sowohl jene Filme, die den Anspruch haben, in ihrem Narrativ „realistisch" zu sein, als auch der phantastische Film Figuren entwickeln, die eben nicht nur ein Individuum darstellen sollen, sondern intentional oder einfach durch den gesetzten Rahmen des Filmnarrativs stellvertretend für ein Konzept oder eine Gruppe stehen. Sei dies einer Autorintention der *gewünschten* Aussage des Films oder einer Rezeptionshaltung des Zuschauers geschuldet, sei es bewusst oder unbewusst in den Film eingeflossen, sei es – nach Bordwell – explizit, implizit oder symptomatisch[12], es soll davon ausgegangen werden, dass Figuren sowohl als Metonymie, als *pars pro toto* stellvertretend für etwa eine Gruppe oder Schicht sprechen und handeln können oder auf einer anderen Ebene gar als Allegorie oder Agent eines abstrakten Konzepts, wie dem „Guten" oder der „Gerechtigkeit" stehen. Werden diese Figurenzeichnungen dominant durch verschiedene Filme immer wieder aufs Neue eingesetzt, so sprechen wir von Typologien oder pejorativ von Stereotypen.

So soll zum einen davon ausgegangen werden, dass die Darstellung einer Figur im Film, die mit Tätergruppen der Shoah assoziiert

---

[11] Es ist übrigens ein weiterer unheimlicher Aspekt der Popkultur, dass man seinen Kindern diesen Kommandanten von Auschwitz als Action-Figur unter den Weihnachtsbaum legen kann, damit ihre Hellboy-Figur einen Gegenspieler hat.

[12] David Bordwell: *Making Meaning*, Harvard University Press 1991, S. 8 f.

werden kann – sagen wir eben ein KZ-Arzt oder ein SS-Mann – stellvertretend für diese Gruppe steht. Somit trifft der äußere Entwurf
der Figur oder ihre Psychologisierung eine Aussage darüber, wie
der Film sich dem Verbrechen des Holocaust annähert und versucht,
kausale Zusammenhänge und Gründe für die Shoah im Täterprofil
zu finden, die auf die gesamte Gruppe übertragen werden.

Gleichzeitig erscheinen Täterfiguren aus dem Kontext des Holocaust im Film als Träger abstrakter Konzepte natürlich als Inkorporationen des Bösen, des tödlichen Pflichtbewusstseins, des unter
der unscheinbaren Oberfläche schlummernden Sadismus, der „zivi-
lisierten Bestie" und des Wahnsinns.

Abb. 9: Hellboy

Parallel dazu scheinen diese Figuren jedoch in der Verbindung
ihrer Stellvertreterschaft für eine Tätergruppe und als Agent des
Bösen, etc. ein drittes Merkmal auszubilden: Sie geraten zuweilen
zu „Inkorporationen des Holocaust" selbst und werden so Teil der
Bearbeitung des Repräsentationsproblems nicht nur der Tätererklä-
rung, sondern sollen (natürlich illegitim und monokausal) stellvertretend für das Verbrechen an sich stehen. Ihre virtuellen Körper

sind konstruierte Produkte einer diskursiven, symbolischen Aktivität. Diese Form der Inkorporation weist dabei eine Verwandtschaft zu den Mechanismen der Verdichtung und Verschiebung in der Traumarbeit nach Freud (wie in der Sprache nach Lacan) auf.[13] Eine an der psychoanalytischen Praxis orientierte Brücke zum Thema dieses Kapitel schlägt dabei Tilmann Mosers Studie *Dämonische Figuren – Die Wiederkehr des Dritten Reiches in der Psychotherapie*.[14]

Der eingangs dargelegte Entwurf Karl Ruprecht Kroenens ist ein exemplarisches Beispiel für einen spezifischen zeitgenössischen Umgang des phantastischen Kinos mit den Verbrechen des Dritten Reichs. Seine Figur – so die These dieser Arbeit – verkörpert durch die Mechanismen des Monsters (gedacht als eine diskursive Kulturpraxis, die bestimmt, was eine Gesellschaft als monströs, als das „Andere" definiert) den Holocaust.

Zunächst einmal ist da der aus den Comics entnommene narrative Hintergrund, Kroenen sei Kommandant von Auschwitz gewesen. Selbst ohne diese Information verbindet der Film seine Erscheinung mithilfe des historischen Versatzstücks seiner SS-Uniform mit dem Holocaust.

Des Weiteren ist Kroenen selbst teils tot, teils mechanisch. Das Gesicht hinter der Maske ist das des Zombies, eigentlich tot und entstellt, dennoch in Bewegung. In der Phantastik des Films wird gezeigt, dass er selbst sich grausig entstellt und seine Organe durch mechanische Komponenten ersetzt hat. Im Kampf erscheint er als stetig wiederauferstehender Maschinenkörper, eine groteske Variante dessen, was die faschistische Ästhetik tatsächlich als Menschenbild erträumt. Wer von Kroenens Hand stirbt, wird von einer Mord-Maschinerie getötet.[15]

In der 56. Minute des Films *Hellboy* wird zudem gezeigt, wie Kroenen in Nahaufnahme an einem Schreibtisch sitzend, in einem

---

[13] Vgl.: Sigmund Freud: „Die Traumarbeit" in (ders.): *Die Traumdeutung*, Fischer, Frankfurt a.M. 1991, S. 284 ff.

[14] Moser führt als Fallbeispiel etwa die Alpträume des Patienten „Jacob", eines Überlebenden der deutschen Konzentrationslager, an, die von dämonischen Gestalten und Inkorporationen des Todes bevölkert werden. Vgl.: Moser: S. 33.

[15] Vgl.: Abb. 9.

dunklen, vom Spiel lodernder Flammen atmosphärisch aufgeladenen Raum seine eigene, mechanische Hand repariert. Eine Totale, die erst am Schluss der kurzen Sequenz gewährt wird, verdeutlicht, dass im Rücken Kroenens, für den Plot nicht weiter relevant, ein großer Verbrennungsofen mit ikonographischem Konnex zu Krematorium II in Betrieb ist. Kroenen ist in diesem Fall nicht einfach in diesem Raum inszeniert, der Raum ist vielmehr eine Erweiterung seiner Figur, ein weiteres Versatzstück, das Holocaust-Assoziationen generiert, ohne dass der Film dies aussprechen muss.

Und schließlich trägt Kroenen stets (das Comic spricht von einer Infektionsphobie) jene Gasmaske, die ihn in Verbindung mit der Uniform insektoid und mechanisch erscheinen lässt, also eine Komponente des Monströsen ist. Er erinnert damit sowohl an den *Evil Villain* Darth Vader, an eine Science-Fiction-Variante der Schnitter-Allegorie, als auch an einen Anhänger der sadomasochistischen Subkulturen, während die Gasmaske natürlich gleichzeitig Symbol für den Gastod ist. Uniformierte SS-Männer mit Gasmasken, die sogenannten „SS-Desinfektoren", haben in anderen Holocaust-Darstellungen – etwa in Szenen aus der Fernsehserie *Holocaust* oder *The Boy in the Striped Pyjamas* – Zyklon-B in die Belüftungsschächte der Gaskammern verbracht.[16]

Die körperliche Zerstörung dieses Mosaiks der Zitate und popkulturellen Querverweise ist – wie bei so vielen anderen Inkorporationen des Holocaust – ein symbolisches Rachephantasma für ein Verbrechen, das eigentlich die Dimensionen eines Rachekonzepts übersteigt.

Einer der frühesten Vorgänger einer inkorporierenden Figur findet sich in den Analysen des amerikanischen Spielfilms *The House of Rothschild* von Gertrud Koch. Der Aufsatz „Tauben oder Falken – die Rothschild-Filme im Vergleich" widmet sich eigentlich der Entstehung jüdischer Charaktere und Stereotypen im Film und zeigt die Wechselbeziehung zwischen der amerikanischen Produkti-

---

16 Es gibt selbstverständlich auch Zeitzeugenaussagen, dass tatsächlich Gasmasken beim Umgang mit dem Gift getragen wurden. Ich verweise lediglich auf andere Filmbilder, da kein Bildmaterial über den Tötungsvorgang vorliegt, ich mich aber auf ikonographisches Zitieren konzentriere.

on *The House of Rothschild* und den Propagandafilmen der Nationalsozialisten *Der ewige Jude* und *Die Rothschilds – Aktien auf Waterloo*.
Dabei – so legt Koch dar – ist *The House of Rothschild* aus dem Jahr
1934 eine Reaktion auf die ersten Berichte der antisemitischen Politik der Nationalsozialisten, die ein Jahr zuvor in Deutschland an die
Macht gekommen waren.[17] Es ist allerdings nicht die Darstellung
der jüdischen Charaktere, sondern ein kurzer Exkurs Kochs auf eine
Nebenfigur, die hier von Interesse sein wird:

„Man kann durchaus sagen, daß Zanuck also sehr bewußt „the House of
Rothschilds" als politische Antwort auf die Vorkommnisse in Nazideutsch-
land gedreht hat und damit einen der vielen Versuche unternommen hat,
in historischem Gewande politische Filme mit tagespolitischer Bedeutung
zu machen. Dafür spricht auch, daß es Boris Karloff obliegt, eine gänzlich
hinzuerfundene preußische Knallcharge zu mimen, die im historischen
Gewande den in einem späteren Jahrhundert auftretenden Vernichtungsantisemitismus der Nationalsozialisten vertreten muss […]".[18]

Hier findet sich, noch jenseits der Kenntnis des Ausmaßes der Verbrechen, zu denen die deutschen Faschisten fähig sein werden,
wahrscheinlich einer der ontologischen Ursprünge derjenigen Figuren, die in späteren Filmen als eine Art Inkorporation des Holocaust
fungieren. Zugleich grundlegend für den Ansatz der Untersuchungen in dieser Arbeit eröffnet Koch in ihrer Figurenanalyse Karloffs
einen Assoziationsraum, der ein Fenster zum Horrorfilm aufweist,
denn der Schauspieler trägt, so Koch,

„[…] eine „special effect"-Maske, die Karloff direkt an die von ihm so
bravourös gespielte Rolle des Monsters anlehnt: Seine extrem eckige Kopf-
form weist vor allem durch die gerade nach oben gezogene Stirn eine ganz
direkte Verwandtschaft zu Frankensteins Monster aus. Diese Strategie der
Rollenbesetzung und -typisierung, die sich ja auch in der Wahl von Georg
Aliss nachweisen läßt, spielt mit den Vorkenntnissen eines filmerfahrenen
Publikums, und daraus kann man natürlich auch umgekehrt schließen,

---

[17] Gertrud Koch: „Tauben oder Falken – die Rothschild-Filme im Vergleich", in:
Cilly Kugelmann, Fritz Backhaus: *Jüdische Figuren in Film und Karikatur: Die
Rothschilds und Joseph Süss Oppenheimer*, Jan Thorbecke Verlag, Stuttgart 1995,
S. 72 f. Im Folgenden zitiert als: Koch.

[18] Ebd.: S. 72 f.

daß der Film auf dieses Publikum hin produziert worden ist. Indem Karloff an seine Monsterrolle in „Frankenstein" erinnert, fächert er auch die Assoziationen an seinen filmischen Schöpfer auf, jenen verrückten deutschen Wissenschaftler, der mit seinen High-Tech-Labors in verwinkelten Häuschen gleichzeitig mittelalterliche Rückständigkeit wie auch technische Power repräsentiert".[19]

Hier mag das früheste filmische Beispiel (ohne eine direkte Genealogie postulieren zu wollen) der Wechselbeziehung zwischen Genrekino, Horror, Phantastik, Nazi-Darstellung und Holocaust liegen, die durch den Kriegseintritt Amerikas, durch Propaganda, durch Auftritte des Personals des Dritten Reichs in populären Comics dieser Zeit, zum Ende des Kriegs dann durch die Entdeckung des Ausmaßes der Gräuel der Nationalsozialisten, die – jenseits des Vorstellbaren – Diskursivierungsschablonen im Metaphysischen suchten (siehe das Kapitel über die Shoah und die Hölle), weiter forciert wurde.

Es ist einem unheimlichen Zufall geschuldet, dass es in *The House of Rothschild* schon zu diesem Zeitpunkt nicht irgendeine Horrorfigur sondern speziell Frankenstein ist, der zur Horror-Assoziationsschablone des deutschen Vernichtungsantisemitismus herbeizitiert wird. Gerade dieser Stoff wird durch die Aufdeckung der Verbrechen der KZ-Ärzte nur noch schwerlich ohne die Assoziation zu den menschenverachtenden medizinischen Experimenten am Rande der Massenvernichtung auf die Leinwand gebracht werden (ein Versuch, sich davon zu lösen, ist der völlige Neuentwurf der Frankenstein-Ikonographie in der Inszenierung als Kostümfilm von Kenneth Brannagh). Nicht mehr das Monster, sondern Dr. Frankenstein selbst oder vielmehr die Verletzungen, die er den Körpern seiner Opfer beibringt – ich denke hier an den Nachkriegs-Frankenstein Peter Cushing – wird zum Gegenstand des Horrors, während Cushings Gesicht zugleich ein Paradebeispiel für das *Evil Villain*-Nazi-Casting ist – sei er als SS-Mann der realen Welt innerhalb einer Horror-Phantasie (im berüchtigten Nazi-Zombie-Film *Shock Waves* oder *Son of Hitler* etc.) oder als Weltraum-Nazi engagiert

---

[19]   Koch: S. 73 f.

(seine Rolle als Kommandant des Todessterns in *Star Wars*).[20] Wo immer amoralische Ärzte und der Missbrauch der Macht, die sie über ihre Patienten haben, zum Gegenstand des Horrors werden – und gerade das Krankenhaus ist ein beliebter Ort des Horrors, der Arzt im Film eine ambivalente Figur, zwischen Held und Monster oszillierend, – eröffnet sich der Assoziationsraum zum Dritten Reich. So liest man in einer Pop-Kritik zu George Franjus *Les Yeux sans Visage*, dessen Diegese um einen Doktor, der Menschen ermordet, um ihr Gesicht seiner hautkranken Tochter zu verpflanzen, keine explizite Referenz zum Dritten Reich enthält:

> „Brasseur's Dr. Génnessier is the descendant of such criminal lunatics as Dr. Moreau (*Island of Lost Souls*) and Dr. Mirakle (*Murders in the Rue Morgue*), who can be regarded with chilling hinsight in light of the monstrous experiments carried out by Nazi doctors. The entire film is a radical analysis of arrogance based essentially on a belief in the natural rights of one class in relation to another's".[21]

Interessant erscheint weiterhin im von Robin Wood postulierten Wechselverhältnis von Horror und gesellschaftlich Verdrängtem,[22] dass der einzige, an den Kinokassen wirklich erfolgreiche deutsche Horrorgenrefilm *Anatomie* von einer Verschwörergruppe von Ärzten – den sogenannten „Antihyppokraten" – handelt, die an Patienten im Namen der Forschung grausame Experimente und Vivisektionen begehen und deren Wurzeln im Dritten Reich und in der eigenen Familie der Protagonistin liegen.

Auch als eine deutsche Produktion einen fiktiven Gerichtsprozess gegen Joseph Mengele imaginiert, dessen Name wohl weltweit stellvertretend für den Horror der medizinischen Experimente des Dritten Reichs steht, greift man in der Figurenzeichnung auf popkulturelle Schablonen zurück. Götz George verkörpert den berüchtigten Lagerarzt von Auschwitz, der wohl für die Rolle gewählt wurde, da er sowohl in *Aus einem deutschen Leben* als auch in *Der Tot-*

---

[20] Ein weiteres Beispiel für diese Gesichter sowohl des Horror- als auch des Nazi-Casting wäre etwa Udo Kier.
[21] Steven Jay Schneider (Hg.): *101 Horror Movies you must see before you die*, Cassel, London 2009, S. 110.
[22] Vgl.: Wood.

macher, hier als Auschwitz-Kommandant Rudolf Höss, dort als berüchtigter Serienmörder Fritz Haarmann, brillant die „Banalität des Bösen" der Figuren herausarbeiten konnte. Seine Darstellung leidet an der Figurenzeichnung des Films, der Mengele mit Hilfe popkultureller Zitate ausschmückt. Der KZ-Arzt wird in seinem südamerikanischen Versteck eingeführt wie Colonel Kurtz in *Apokalypse Now*, dann in seiner, dem Eichmann-Prozess nachempfundenen futuristischen Glaszelle wie der Gegenspieler eines Comic-Superhelden inszeniert: Mengele in *Nichts als die Wahrheit* ist zu zwei Teilen der James Bond Antagonist Blofeld[23], zu einem Teil Nosferatu (besonders auffällig sind die klauenartigen Fingernägel).

Fast erwartet man ihn wehrhaft mordend, wie den ebenfalls auf der historischen Figur Mengele basierenden KZ-Arzt Szell, gespielt von Laurence Olivier in John Schlesingers *Marathon Man*, der beizeiten eine Klinge aus seinem Ärmel springen lässt, um Kontrahenten zu eliminieren und, ganz in der Tradition der Sadiconazista, Dustin Hoffmann die Zähne mit einem Zahnarztbohrer zerstört, um in einem Folterverhör an sensible Informationen zu gelangen. Dr. Szell – „der weiße Engel" – ist ein weiterer prototypischer Agent des Holocaust. Er schlüpft für den Zuschauer jenseits des historischen Settings erneut in die Rolle des KZ-Arztes, um in einer der berüchtigsten und eindringlichsten Foltersequenzen der Filmgeschichte eine jüdische Figur zu quälen. Der Film inszeniert an dieser Stelle die brennende, verdrängte und von einer seriösen Geschichtsschreibung zu ignorierende Frage, wie es ist, einem KZ-Arzt ausgeliefert zu sein, ein Experiment ohne Anästhesie über sich ergehen lassen zu müssen. Fragen, die sich wohl jeder angesichts der schrecklichen geschichtlichen Zeugnisse einmal gestellt hat, die aber von einer ernstzunehmenden Wissenschaft nicht beantwortet werden, da sie zur Ebene der Emotionen, Affekte und „Anschluss suchenden Phantasien" zählen[24], und deshalb dem Phantasma des Horrors überlassen werden, der daraus eine Geschichte von Verletzung und Überwindung baut.

---

23   Vgl.: Lorenz: S. 280.
24   Paech: S. 19.

Der Horror blickt voyeuristisch in die Folterräume der SS, der Horror beschreibt, etwa in Bryan Singers *Apt Pupil*[25] aus fiktionaler Täterperspektive, wie es in einer Gaskammer bei Betrieb aussieht[26], der Horror imaginiert z. B. in *Dawn of the Dead* Stapel von Leichen, in denen einzelne Individuen noch zuckend leben, bis ein Uniformierter auf die verrenkten Körper schießt, im in Freeze-Frames erzählten Ende von *Night of The Living Dead*, wie Leichenräumkommandos Massen von Toten mit Hilfe von Haken aufschichten und verbrennen, in *The Hills Have Eyes* wie es ist, noch lebendig auf einen Stapel Gliedmaßen geworfen zu werden oder in *Texas Chainsaw Massacre* oder *Silence of the Lambs* verdinglicht zu werden, als nichts mehr zu gelten denn als Warenwert, als Lieferant für Fleisch, Haare und Haut für Kleider und Lampenschirme.

Diese Szenen ignorieren illegitim Postulate wie „Der Schmerz war der, der er war"[27] von Jean Améry: In *Marathon Man* wird der Body-Horror zudem perfide anhand von denjenigen Schmerzen inszeniert, die dem Zuschauer bis zu einem gewissen Grad alltagsgeläufig sein müssten. Wer kann den Schmerz eines abgeschnittenen Fingers im Film nachvollziehen? Zerbohrte Zähne dagegen sind wohl die zugleich heftigsten als auch nachvollziehbarsten Schmerzen, die ein Publikum empathisch teilen kann. *Marathon Man* antwortet ketzerisch auf die heimliche Frage des Zuschauers an die Geschichte nach dem Leid der Opfer: „Imaginiere dir die Leiden im KZ als schlimmste Wurzelbehandlung, die du je erlebt hast von einem unfreundlichen, herrischen Zahnarzt … ". „Als wäre der Hunger in

---

25 Die entsprechenden Stellen des Films wagen es nicht, den Bericht des ehemaligen SS-Manns über die Vergasung zu bebildern. Allerdings generiert der Thriller auf schamlose Weise Momente des Horrors durch detaillierte Schilderungen von Gräueltaten der fiktiven Täterfigur: von der quälenden Länge des Gastods über zuckende, übereinandergestapelte Körper bis hin zum Erbrechen, unfreiwilligen Urinieren und Defäkieren der Opfer in der Gaskammer.

26 In der Überbietungslogik und Annäherung an eine Bebilderung der ungesehen Schrecken der Gaskammer nutzt *The Boy in the Striped Pyjamas* die Slasher-Genrekonvention des Angriffs frontal gegen die Kamera, um aus einer Subjektiven der Opfer dem Zuschauer durch einen gasmaskenbewährten SS-Desinfektor Zyklon-B-Kristalle direkt in das Gesicht rieseln zu lassen.

27 Jean Améry: *Jenseits von Schuld und Sühne. Bewältigungsversuche eines Überwältigten*, Szczesny München, 1966, S. 50.

Auschwitz mit dem vergleichbar, den man verspürt, wenn man eine Mahlzeit ausgelassen hat"[28], so beschreibt Primo Levi den Mangel an Vergleichsmomenten und Metaphern für die Lagererfahrung, während es so scheint, dass *Marathon Man* genau diesen unzulänglichen Vergleich wagt.

Auch Szell muss als Inkorporation gerichtet werden. In einem jüdischen Viertel New Yorks wird er zunächst von seiner Vergangenheit eingeholt, als ihn ein ehemaliges Opfer wiedererkennt. Gestellt vom Protagonisten muss er zunächst unter Schmerzen jene Diamanten schlucken, die den MacGuffin[29] des Plots darstellen, bis er schließlich erschossen wird und sein Körper in der Kanalisation endet. Szell reist quasi wie ein Filmmonster aus dem Verdrängten der westlichen Zivilisation (einem Haus im Regenwald Südamerikas), spukt als Heimsuchung der Vergangenheit durch das moderne New York, wo er Folterungen als Reminiszenz seiner früheren Taten an einem Stellvertreter derselben Opfergruppe begeht (obgleich nicht mit Antisemitismus oder amoralischen Forschungsdrang, sondern genau wie seine Verbrechen im Holocaust lediglich aus finanziellen Gründen plausibilisiert), und verschwindet dann wieder in der Verdrängung, im Kanal unter der Stadt.

Weitere monströse oder groteske KZ-Ärzte finden sich in *Boys from Brazil*, Peter Jacksons Splatterfilmkomödie *Braindead*, in dem japanischen Anime *Urotsukidoji II*, *The Unborn*, diversen *X-Files*-Episoden, dem Stereotype ausstellenden *Werewolf Women of the SS* wie natürlich zahlreichen Sadiconazista zweiter Welle.

Auch andere Tätergruppen, wie SS-Männer, stören in den Alpträumen des US-amerikanischen Kinos das beschauliche Leben in den WASP-Vororten. In Bryan Singers *Apt Pupil* etwa wird der fiktive KZ-Kommandant Kurt Dussander, tätig in Bergen-Belsen, Ausch-

---

[28] Primo Levi: *Die Untergegangen und die Geretteten*, Hanser, München, Wien 1990, S. 161.

[29] Der „MacGuffin" ist ein von Alfred Hitchcock geprägter Begriff, der ein dramaturgisches Element in einem Thriller bezeichnet, das für den Zuschauer die Plausibilität der Handlung und die Motivation der handelnden Figuren rechtfertigt, letztlich aber im Plot fast völlig austauschbar ist. Für eine ausführlicher Erläuterung siehe Thomas Koebner (Hg.): *Reclam Sachlexikon des Films*, Phillip Reclam jun., Stuttgart 2002, S. 355.

witz und dem fiktiven Patin, von einem Nachbarsjungen erkannt und erpresst. Im Verlauf der Geschichte wird Dussander von seiner SS-Identität eingeholt, und er beginnt erneut, Gefallen am Morden zu finden (wobei er in einem misslungenen Versuch zunächst eine streunende Katze in seinen Backofen – als Analogie zu den Verbrennungsöfen in den Krematorien der Vernichtungslager – zu stopfen versucht). In einer der Schlüsselszenen des Films nötigt der junge Protagonist den Ex-Nazi Dussander, eine SS-Uniform, die er in einem Kostümverleih besorgt hat, anzuziehen und darin nach seinen Befehlen zu exerzieren.[30] Die Uniform und die gebellten Befehle wecken daraufhin das schlummernde Monster in Dussander: Der alte Kriegsverbrecher wirkt, unterstützt von der filmischen Inszenierung, wie eine Maschine, die langsam ins Laufen gerät, ähnlich dem Comic-SS-Mann Kroenen, der seinen eigenen Aufziehmechanismus im Leib trägt. Dussander erscheint plötzlich, eingedenk seines Alters, ungewöhnlich kraftvoll und exakt in seinen Bewegungen, er inkorporiert den Nazi als eine Mordmaschine, die, einmal angeworfen, nur schwer zu stoppen ist: Als der Junge entsetzt von den Geistern, die er rief, versucht, das Exerzieren des Alten zu beenden, steht er vor einem ähnlichen Problem wie Mickey Mouse in der Zauberlehrling-Episode von *Fantasia*: Der alte Besen hört nicht auf zu laufen, er führt entschlossen Befehle aus. Der Faschismus Dussanders erscheint wie ein Fluch, der wiederbelebt werden kann, wenn man zu tief in die Grüfte des Verdrängten der Geschichte steigt.

Interessanterweise weist die etwas in Vergessenheit geratene, zu ihrer Zeit aber durchaus beliebte Horrorkomödie von Joe Dante *The 'Burbs*, zu deutsch *Meine teuflischen Nachbarn*, mit Tom Hanks in der Hauptrolle trotz ihres weitaus seichteren Grundtons ein ähnliches Setting auf. In die Spießbürgergesellschaft eines US-amerikanischen, reichen Vorortes ziehen verdächtige neue Nachbarn, die Familie Klopek. Ihr bizarres Verhalten, das nächtliche Graben im Garten, seltsame Geräusche aus dem Keller und schließlich das Verschwin-

---

[30] Für eine ausführliche Analyse der Sequenz und ihres homophoben Subtexts, vgl.: Picart, Frank: S. 113 ff.

den eines Nachbarn rufen die Bewohner der Siedlung auf den Plan. Das Haus der Klopeks wird ikonographisch durch Attribute verschiedener Horrorfilmschauplätze – wie etwa die verfallene Villa der *Addams-Family*, den Wohnsitz der Kannibalenfamilie aus *The Texas Chainsaw Massacre* oder das Haus Norman Bates' in *Psycho* – als unheimlich dargestellt, die Familie selbst jedoch wird durch ein gewisses Hinterwäldlertum, anachronistische Einrichtung und vor allem die Nationalität als das „Andere" inszeniert. Obgleich der Akzent der verschiedenen Familienmitglieder uneindeutig und eher osteuropäisch konnotiert ist, sind es offensichtlich deutsche Attribute, die ihnen zugewiesen werden,[31] wie die Vornamen Hans, Werner und Reuben sowie die Aussagen ihrer amerikanischen Nachbarn, die auf sie als „Huns" und auch im Englischen als „Herr" Klopek referieren oder bei einer Detektivmission im Haus der Klopeks mutmaßen, „perhaps we'll find some *Knackwurst* in there". Über das Attribut des Deutschen hinausgehend und in der Familie Klopek verkörpert wird die Brücke zum Holocaust als eine unheimliche deutsche Heimsuchung mitten im US-amerikanischen Suburbia durch subtile Einwürfe und Charakterzeichnungen geschlagen. Bei einem Hausbesuch der Nachbarn insistiert Reuben Klopek aggressiv, dass der Name nicht slawisch sei, ein Hinweis auf Rassedünkel der Familie, die die vermeintlich deutschen Klopeks eine solche Vermutung als schwere Beleidigung auffassen lässt. Der Familienpatriarch Werner Klopek, man nennt ihn in der Familie „the doctor", erfährt bei diesem Hausbesuch einen exponierten Auftritt. Begleitet von kulminierender Spannungsmusik kommen Schritte die Kellertreppe des an Hitchcocks *Psycho* erinnernden Wohnsitzes herauf. Bevor Werner Klopek selbst ins Bild tritt, erscheint zunächst nur sein Schatten an der Wand. Er ist ein älterer, schmächtiger Mann, mit grauem Seitenscheitel, blauen Augen, minimaler Mimik, präziser Gestik und kultivierter Ausdrucksweise. Bei seinem Auftritt schlägt der vermeintliche Arzt die Hacken zusammen und stellt sich mit deutschtümelnder, militärischer Zackigkeit vor. Als der von Tom Hanks gespielte Protagonist des Films die Hand zur Begrüßung ergreift, umfasst er

---

[31]   Im deutschen Synchron ist dies weniger eindeutig als in der Originalfassung.

einen mit roter Flüssigkeit beschmierten Gummihandschuh. Klopek behauptet, zur Entspannung im Keller zu malen. Kurz darauf wird eines dieser Bilder zum stummen Gag. Über eine gezwungene Konversation beim Kaffeetrinken hinweg versucht ein weiterer der argwöhnischen Nachbarn herauszufinden, wie herum eines der Bilder Klopeks, das er offenbar für abstrakte Malerei hält, gestellt werden muss. Was der Figur entgeht, der Zuschauer aber nur allzu leicht erkennt, ist, dass das Bild keinesfalls im Stil des abstrakten Expressionismus gemalt ist, sondern in frohen Farben eine blutige Operationsszene darstellt. Werner Klopek nimmt ihm das Bild daraufhin aus der Hand und stellt es richtig herum.

Zum Ende des Films entpuppen sich die Klopeks als Serienmörder – ohne direkte Referenz zum Dritten Reich, dennoch mit zahlreichen Attributen des Holocaust ausgestattet. Bei einem Einbruch in den Wohnsitz finden die Nachbarn im Keller des Hauses einen Verbrennungsofen für Leichen. Als man den geräumigen Kofferraum des Familienwagens der Klopeks öffnet, sind dort dutzende Skelette in einer Art Miniatur-Massengrab aufgeschichtet. Die Klopeks haben offenbar (ähnlich wie Dracula den Sarg mit seiner Heimaterde nach England brachte, um darin zu schlafen) ein Stückchen privaten Holocaust mit in die Vororte Amerikas migriert, Spuren der Shoah und Horrorkomödie bilden in Joe Dantes zu seiner Zeit beliebten Blockbuster ohne Probleme eine Mésalliance.

Letztlich ist fraglich, ob selbst die Slasherfilm-Ikone aus *A Nightmare on Elm Street*, Freddy Krueger, der Kindermörder, der seine Opfer in einem Ofen beseitigte, bis er selbst von einem rächenden Mob lebendig verbrannt wurde und dann als Wiedergänger in Alpträumen durch die amerikanischen Vororte spukte, mit exakt diesem Namen und dieser Geschichte versehen worden wäre, wäre nicht das Deutsche im Genrefilm durch die Verbrechen der Nazis zum Garant des Unheimlichen, des Monströsen geworden. Typisierungen wie „Karloff-Monster-Deutscher"[32], die sich in *The House of Rothschild* abzeichnen, werden zum festen Repertoire des amerikanischen Genrekinos, wie auch des britischen „Hammer-Horrors"[33] und generieren

---

32 Koch: S. 75.

33 „Hammer-Horror" bezieht sich hierbei auf die Produktionen eines britischen

als Vexierbild in Filmen über den Holocaust jene dämonischen, sadistischen Inkorporationen des Bösen der Täterfiguren, im Horrorfilm wiederum instrumentalisieren sie Versatzstücke des Holocaust, um Horror zu generieren.

Insofern die Inkorporationen der Shoah eine Verwandtschaft zum Monster aufweisen, soll im Folgenden ebendieses Phänomen, das Monster in seiner Eigenschaft als kulturelle Praxis fokussiert werden.

5.3. Das Filmmonster, postklassischer Horror und die Banalität des Bösen

Skin Shows von Judith Halberstam ist eine paradigmatische Studie zur Figur des Monsters als kulturellem Objekt, an dessen historisch wandlungsfähiger Oberfläche sich ablesen lässt, was eine Gesellschaft als das Bedrohliche, das „Andere" definiert. Das klassische Filmmonster dringt dabei mit einem transgressiven[34] Körper und einer genretypischen Blickstruktur in eine fest definierte Alltagsnormalität ein, die zu Beginn des Films etabliert und zum Ende der Erzählung durch ein machtvolles männliches Subjekt wiederhergestellt wird. Dazwischen liegt die von der Normalität distinkte Zeit des Horrors. Das „Selbst" und das „Andere" sind in der klassischen Form des Horrors klar abgegrenzte Kategorien, wodurch verschleiert werden kann, was das Monster mit der Normalität gemeinsam haben kann.[35]

Filmstudios – den „Hammer Studios", das sich auf das Horrorgenre spezialisiert hatte. Es wurde bereits im Jahr 1934 gegründet, erlebte jedoch seinen kommerziellen Aufstieg erst in den 50er Jahren. Der von der seriösen Filmkritik verrissene „Hammer-Horror" zeichnete sich zunächst durch die Verbindung des klassischen „Gothic-Horror"-Themas mit einer neuen Explizität der Darstellung von Gewalt aus. In diesem Zuge entstand eine Reihe von Remakes von klassischen Filmen des Genres, wie *Dracula*, *Frankenstein* oder *The Mummy*. Christopher Lee und Peter Cushing sind zwei der bekanntesten Schauspieler, die durch die „Hammer-Studios" erfolgreich wurden.

[34] Die Grenzen verlaufen zwischen Tier/Mensch, männlich/weiblich, tot/lebendig, Subjekt/Objekt etc.

[35] Picart/Frank: S. 5 und vgl.: Halberstam: S. 7 ff.

Der postklassische Horror dagegen – Halberstam spricht im Original von „postmodern" – sucht das Grauen inmitten der Normalität und infiltriert die scharfen Abgrenzungen zwischen „Normalem" und „Abnormalem", die das klassische Horrorkino in Einstellung und Erzählung generiert. Diese Darstellung lässt den Zuschauer in einer Ambivalenz über den Status des Monsters zurück und schafft ein komplexeres und gleichzeitig unschärferes Bild von der Vorstellung des „Bösen".[36]

Zu Beginn ihrer Ausführungen über die Abgrenzung vom klassischen zum postklassischen Horror begeht Judith Halberstam einen kurzen Exkurs, der für die Betrachtungen dieser Arbeit interessant erscheint. Die klassische Vorstellung des Monsters starb, nach Halberstam, 1963 mit der Veröffentlichung von Hannah Arendts *Eichmann in Jerusalem*[37], die das „Monster", die Inkorporation des Vernichtungsantisemitismus des Dritten Reiches, als gewöhnlichen Bürokraten entlarvte:

„Eichmann war nicht Jago und nicht Macbeth, und nichts hätte ihm ferner gelegen, als mit Richard III. zu beschließen „ein Bösewicht zu werden". Außer einer ganz ungewöhnlichen Beflissenheit, alles zu tun, was seinem Fortkommen dienlich sein konnte, hatte er überhaupt keine Motive; und auch diese Beflissenheit war an sich keineswegs kriminell, er hätte bestimmt niemals seinen Vorgesetzten umgebracht, um an dessen Stelle zu rücken".[38]

An Eichmanns Person und Auftreten in seinem Prozess in Israel beschreibt Hannah Arendt ihr Konzept von der „Banalität des Bösen". Auf ihn treffen keine Sadismus-, keine Psychopathen-Schablonen, keine Beschreibungen des Bösen in theologischen Dimensionen, keine „teuflisch-dämonische Tiefe"[39], zu; und obgleich er als Inkorporation des schrecklichsten Ereignisses der Menschheitsgeschichte vor Gericht steht, werden ihm, anders als von der populären Presse, von Arendt lediglich Eigenschaften wie Realitätsferne und Gedankenlo-

---

[36] Halberstam: S. 162.
[37] Ebd.: S. 161 f.
[38] Hannah Arendt: *Eichmann in Jerusalem*, Piper, München 2008, S. 56. Im Folgenden zitiert als: Arendt.
[39] Arendt: S. 57.

sigkeit[40] zugesprochen. Ein vermeintliches Ungeheuer hatte sich als
grotesker „Hanswurst"[41] entpuppt.

Diese „Banalität" der vermeintlichen deutschen Nazi-Monster,
zerstörte – so Halberstam – die komfortable Schutzvorstellung des
Monsters als des „Anderen" an sich. Das Monströse sei in der Moderne nicht länger (wie in den klassischen Geschichten Bram Sto-
kers, Mary Shelleys und Oscar Wildes) inkorporiert, sondern in einem diffusen, tödlichen System verortet:

> „What exactly is the comfort of making Eichmann or others like him into
> Monsters? Monsters, as I have been arguing throughout this study, confirm
> that evil resides only in specific bodies and particular psyches. Monstro-
> sity as the bodily manifestation of evil makes evil into a local effect, not
> generalizeable across a society or culture. But modernity has eliminated
> the comfort of monsters because we have seen, in Nazi Germany and el-
> sewhere, that evil works often as a system, it works through institutions
> and it works as a banal (meaning „common to all") mechanism. In other
> words, evil streches across cultural and political productions as complicity
> and collaboration and it manifests itself as a seamless norm rather than as
> some monstrous disruption".[42]

Diese interessante Korrelation kann allerdings nicht bedeuten, dass
für das gesamte Horrorgenre mit dem Eichmann-Prozess eine Zäsur zu denken sei, wie sie André Bazin für die Wechselbeziehun-
gen des klassischen Hollywoodkinos mit der Erfahrung des Zweiten
Weltkriegs beschrieb, und somit der Fall Eichmann in etwa für das
Monster das darstelle, was der Eintritt Amerikas in den Weltkrieg
für den „Westernhelden" bedeutete.[43] Die Annahme solcher Wech-
selverhältnisse zwischen Populärkultur, Kunst und Gesellschaft soll
dabei nicht in Frage gestellt werden. Problematischer wäre jedoch
die Hypothese einer passgenauen Zäsur, die Eichmann und das
Konzept der „Banalität des Bösen" im Wechselverhältnis von Kino
und Gesellschaft im Horrorkino gesetzt hätten. So findet man zum

---

40   Ebd.
41   Ebd.: 132.
42   Halberstam: S. 162.
43   André Bazin spricht hier von einer Zäsur für den amerikanischen Western, die
     sich nicht zuletzt aus der Wechselwirkung von Gesellschaft und Kino ergibt.
     Vgl. Bazin: S. 267 ff.

einen im amerikanischen Genrefilm Beispiele für jene allumfassenden Systeme des Bösen auch vor den 60er Jahren: etwa in Don Siegels *Invasion of the Body Snatchers* von 1956, der etwa von Marcus Stiglegger in der hier angewandten Lesart einer mit Phantasmen auf realpolitische Ereignisse reagierenden Populärkultur vor dem Hintergrund der McCarthy-Ära – also einer drohenden Faschisierung der amerikanischen Demokratie – gelesen wird.[44] Des Weiteren wird man an anderer Stelle – bei Robin Wood etwa – bei der Zäsur vom klassischen zum postklassischen Horrorkino narrativ vielmehr die innere Krise der Ideologie eines patriarchal strukturierten Gesellschaftssystems[45] und ikonographisch nicht zuletzt den Vietnam-Krieg als Katalysator beschrieben finden.[46] Dass allerdings die Gräuelfotos aus Vietnam und die Nachrichtenbilder von Nationalgardisten, die in Kent State, Ohio auf Studenten schossen, ein kollektives Bildgedächtnis von Schockfotos des zweiten Weltkriegs und der Shoah aufriefen, die nun die amerikanische Gesellschaft als Spuren der Verbrechen der eigenen Armee konfrontierten, und, aufgrund der Angst vor Faschisierung des eigenen Staates, eine phantasmatische Rückkehr der Ikonographie mittels Verdichtung und Verschiebung im Horrorfilm evozierten, kann in dieser Analyse aus Gründen des Umfangs nur als Vorschlag in den Raum gestellt werden.

Bezüglich der Wechselwirkung zwischen der Kulturtechnik „Horrorfilm" und dem Konzept der „Banalität des Bösen", wie Hannah Arendt es am Beispiel Eichmanns in einem Paradigmenwechsel der Diskursivierung der Shoah und in Abkehr der eingangs beschriebenen Höllenmetaphorik entworfen hat, soll vielmehr davon ausgegangen werden, dass sich parallele Interferenzen herausbildeten: zum einen ein Kino, das auffälligerweise genau zu jener Zeit nach dem Eichmann-Prozess massiv auf den Plan tritt; das (vorwiegend europäische) Sadiconazista/Naziploitation-Genre und seine Figurenentwürfe mit Auswirkungen auf den US-amerikanischen

---

44   Marcus Stiglegger: „Horrorfilm", in: Thomas Koebner (Hg.): *Reclam Sachlexikon des Films*, Phillip Reclam jun., Stuttgart 2002, S. 264.

45   Vgl.: Wood.

46   Vgl.: Rick Worland: *The Horror Film: an introduction*, Blackwell 2007, S. 21 ff.

Mainstream.[47] Ein Kino, das eine phantasmatische „Schutzvorstellung" der monströsen, dämonischen Nazis gerade wegen der „Banalität des Bösen" produziert, das Bilder psychotischer, sexualisierter, untoter und dämonischer Inkorporationen des Holocaust entwirft und genau jetzt auf die Kulturpraxis des Monster-Making zurückgreift, da das Konzept des Bösen in der kulturellen Phantasiebildung, und gerade derjenigen Gesellschaft, die so sehr wie die USA auf dem Common-Sense-of-Common-Men-Denken beruht, durch Eichmann erschüttert erscheint. Zum anderen entsteht ein Kino des postklassischen Horrors. Dieser verortet das Grauen nicht mehr nur im Körper des Monsters, sondern bebildert die Vorstellung eines die Normalität infiltrierenden Systems des Bösen, bzw. eines globalen Schreckens, der in Form von Verschwörungen, Aliens, Zombies oder Maschinen, etc. über die Menschheit herfällt, um phantasmatisch auf den Realhorror ganzer Genozide zu reagieren: pessimistische Phantasmagorien, die der zweiten Hälfte des 20. Jahrhunderts, das die Bilder des Holocaust kannte, gerechter werden; etwa die Leichenberge der Zombiefilme Romeros, die ihre Ikonographie in den befreiten Konzentrationslagern wie in den Killing Fields Kambodschas und den Kriegsverbrechen in Vietnam suchten, oder die kannibalistische Tötungsindustrie (obgleich noch auf Ebene des Familienbetriebs) der Kleinstadt in *The Texas Chain Saw Masscare*, die Durchreisende verdinglicht, ihr Fleisch verwertet und aus ihrer Haut Lampenschirme baut.

Nachdem in diesem Kapitel die „Inkorporationen des Holocaust" und ihre Verwandtschaft zum Monster des Horrorfilms betrachtet wurden, wird sich das folgende Kapitel den parallelen narrativen Strukturen, Genre- und Plotmustern in Filmen und Fernsehproduktionen zuwenden, die zum einen der Phantastik zugerechnet

---

[47] Ein weiterer interessanter Teilaspekt, der aber die Grenzen dieser Arbeit sprengen würde, ist das Aufkommen der sogenannten *Stalag*-Pornographie in Israel zur Zeit des Eichmann-Prozesses, dessen Leserschaft unter der Folgegeneration der Holocaustüberlebenden vermutet wird. Es handelt sich dabei um englischsprachige pornographische „Groschenheftchen", in denen meist, ganz nach dem Schema der Sadiconazista zweiter Welle, Alliierte Soldaten von weiblichen SS-Wachen zu sadistischen Sexspielen gezwungen werden. Siehe dazu den israelischen Dokumentarfilm: *Stalags* von Ari Libsker aus dem Jahr 2008.

werden können, die zum anderen aber Spuren der Shoah in ihre Erzählungen integrieren. Diese Muster sind neben den „Inkorporationen" ein weiterer Aspekt jener „Vexierbilder des Holocaust", denen diese Arbeit gewidmet ist. Die Analyse wird sprunghaft eine ganze Reihe von Beispielen fokussieren, an welchen der Umgang dieser Ausformung der populären Kultur mit den Grenzen der Darstellung, ihre eigene Repräsentationsproblematik, kurz ihr „Denken" über die Shoah aufgezeigt werden soll.

6. Gerechtigkeit und Rache – Phantastik in der Darstellung von Opfern der Shoah

„Revenge is the oldest motivation known to mankind ..."

„Dirty" Harry Callahan, Sudden Impact.

6.1. Auge um Auge

Eine der grausamsten „Inkorporationen" der Shoah, die zu Film-monstren inspiriert hat, starb vermutlich am 7. Februar 1979 in Bra-silien an einem Schlaganfall, der sie beim Schwimmen im Meer er-eilte. Der Tod Josef Mengeles in einem idyllischen Urlaubsszenario steht dabei stellvertretend für eine klaffende Wunde im historischen Gerechtigkeitsempfinden, von den zahlreichen durch die Nürnber-ger Prozesse unbehelligten Kriegsverbrechern über die seinerzeit internationale Empörung gegenüber den geringen Strafmaßen im Frankfurter Auschwitzprozess bis hin zur Einbürgerung deutscher Wissenschaftler, die an Kriegsverbrechen beteiligt waren, in die USA in der „Operation Overcast" und „Operation Paperclip".

Kaum verwunderlich erscheint es, dass diese klaffenden Wun-den Phantasmen des Ius Talionis evozieren. Dass dieses mit dem Ausspruch „Auge um Auge, Zahn um Zahn" assoziierte rechtliche Konzept mit der *Sefer ha-Berit* verbunden ist, ist dabei eher dem Zufall geschuldet. Der Grundplot, mit dem sich das folgende Ka-pitel beschäftigen wird, ist weder eine genuin jüdische Geschich-te noch vom Holocaust selbst evoziert, sondern beschäftigt bereits antike Mythen und ist im Kino schon beinahe so lange vertreten, wie der narrative Film an sich: Rache. Dieses narrative Gerüst ist kein Genre sondern kann als Motiv in verschiedene Filmgenres in-tegriert werden, bevorzugt im Action-Film, im Western, aber auch im Horror-Genre. Carol Clover identifiziert in ihrer Studie zu Gender im Horrorkino, *Men, Women and Chainsaws*, mit Fokus auf den Produktionen der 70er und 80er Jahre den Rache-Plot und hierbei speziell den „Rape-Revenge-Film" als inflationäre Subkategorie des Genres.[1] Die Vergewaltigung von weiblichen (*I Spit on Your Grave*) aber auch männlichen Protagonisten (*Deliverance*) gilt in den Filmen quasi per Genrekonvention als Verbrechen, das nach der grausamsten aller Vergeltungen schreit.[2] Auch der Holocaust (es sei auf das Kapitel zum *Sadiconazista* verwiesen) wird bisweilen in der Populärkultur als sadistisch-sexuell motiviertes Verbrechen dargestellt.

Eine weitere Konvention des Genres ist dabei, dass das Opfer auf seinem Rachefeldzug bisweilen die Grausamkeit des Täters kopiert, wenn nicht übertrifft.[3] Diesem Vorwurf musste sich, so wird im Folgenden ausgeführt werden, in einer leicht abgewandelten Konstellation auch Quentin Tarantinos *Inglourious Basterds* stellen.

Lässt man einmal die moralischen Betrachtungen des Rachekonzepts beiseite, bleibt bei einem Verbrechen von den Ausmaßen des Holocaust letztlich auch die innere Problematik des Ius Talionis zurück, dass es nicht auf den Tatbestand des Genozid vorbereitet ist. Das „Auge um Auge, Zahn um Zahn"-Prinzip, angewandt auf einem Mann wie John Demjanjuk, dem im Dezember 2009 in München Beihilfe zum Mord in etwa fünfundzwanzigtausend Fällen im Vernichtungslager Sobibor zur Last gelegt wurde, würde von einem Mann mit im besten Fall zweiunddreißig Zähnen etwa achthunderttausend Zähne einfordern. Vor einer ähnlichen Repräsentationsproblematik stehen auch die filmischen Rachephantasmen, die entweder den individuellen Täter aus dem Vernichtungssystem herausgreifen, wie etwa in den im Folgenden fokussierten Fernsehepisoden *Deaths-Head Revisited* und *Tribunal*, oder aber eine „Vergeltung" für den Holocaust als persönliche Blutrache stilisieren, wie in *Inglourious Basterds* oder *The Keep*.

Jenen Ausformungen der phantastischen Gerechtigkeits- und Rachephantasmen ist das folgende Kapitel gewidmet. Zunächst sol-

---

[1] Vgl.: Clover: S. 114 ff.
[2] Ebd. S. 137.
[3] Ebd. S. 114.

len einige exemplarische Narrative zur Analyse herangezogen werden.

6.2. Ius Talionis, Golems und rächende Wiedergänger

Ein sehr frühes audiovisuelles Beispiel für ein Schuld- und Rachennarrativ, das mit Hilfe der Phantastik jene Toten zu Wort kommen lassen möchte, für die die Lebenden nicht sprechen können, ist die Episode *Deaths-Head Revisited* der amerikanischen Fernsehserie *Twilight Zone* von Rod Sterling. *Twilight Zone* kann dabei als prototypisches Muster für audiovisuelle Mystery-Thriller-Narrative gelten, das das Genre im Fernsehen und auch im Kino bis heute prägt.

Die am 10. November 1961 erstmalig ausgestrahlte Folge *Deaths-Head Revisited* stellt eine Reaktion auf den Eichmann-Prozess dar.[4] Der ehemalige SS-Mann Gunther Lutze, nach 1945 wie so viele seiner filmischen und realen Counterparts in Südamerika untergetaucht, kehrt nach Deutschland zurück, um aus – man kann es nicht besser fassen – sadistischer Nostalgie den Ort seiner ehemaligen Verbrechen aufzusuchen, das Konzentrationslager Dachau. Das Schwelgen des feisten SS-Manns in den Erinnerungen an seine brutalen Verbrechen findet ein jähes Ende, als ihn in den verlassenen Ruinen des Lagers ein abgehärmter Mann in Häftlingskluft begrüßt. Lutze erkennt ihn als einen der ehemaligen Insassen – Alfred Becker – wieder, bemerkt verblüfft, wie wenig er sich in den letzten 15 Jahren verändert habe, und fragt ihn, ob er der „Caretaker" dieses Ortes sei. „In a manner of speaking", antwortet dieser und der Zuschauer muss unweigerlich an die Zeichnung der Geister von *Shining* denken. Becker verweist auf seine tätowierte Nummer auf dem Arm und eröffnet Lutze, dass auch der SS-Totenkopf ein solches Mal sei, das man nicht einfach ablegen könne. Konfrontiert mit seinen Taten bedient der SS-Mann die bekannte Ausflucht, dass nun mal Krieg gewesen sei und er als Soldat nur Befehle befolgt habe. Doch Becker lässt jene Rechtfertigungen, die, so klagt er an, vor den Nürn-

---

4   Vgl.: Hanno Loewy: „Zwischen *Judgement* und *Twilight*. Schulddiskurse, Holocaust und das Courtroom Drama", in: *Die Shoah im Bild*, Sven Kramer (Hg.), edition text + kritik, Boorberg-Verlag, Augsburg 2003, S. 134 f. Im Folgenden zitiert als: Loewy: „Zwischen *Judgement* und *Twilight*".

berger Prozessen Gehör fanden, nicht gelten. Er bezeichnet ihn als Sadisten und Monster und kündigt ihm einen bevorstehenden Prozess an. Als Lutze die Flucht ergreifen will, schließen und verriegeln sich die Tore des Konzentrationslagers von Geisterhand, denn die filmische Diegese von *Deaths-Head Revisited* entwirft einen Kosmos, der das Leben nach dem Tod mit einschließt, und so erwarten den SS-Mann zwar nicht die gesamten 25.000 bis 30.000 Ermordeten von Dachau, aber dennoch ein Stellvertreter dieser Toten, das Gespenst des zu Tode gefolterten Häftlings Alfred Becker und ein Geistergericht aus Lutzes Opfern. Er habe, sagt Becker, wohl nicht genug Gas verwendet, die Flammen nicht heiß genug geschürt, die Leichen nicht tief genug begraben, und so wandeln die Toten unaufhörlich durch die Ruinen Dachaus. Vor einer stummen, starrenden Gruppe abgehärmter Männer verliest Becker die Anklage, bis zuletzt der einzelne Tathergang im negierenden Kreischen Lutzes untergeht. Die Geister verurteilen ihn dazu, die Leiden seiner Opfer nachzufühlen, nicht Rache sondern Gerechtigkeit bemerkt Becker, und so endet der SS-Mann als Wahnsinniger im Staub des Hofs von Dachau. Die Episode schließt mit seinem Abtransport in die Psychiatrie. Ein Arzt untersucht ihn und stellt die Frage in den Raum: "Dachau. Why does it still stand? Why do we keep it standing?" Wie jede *Twilight-Zone* Episode endet auch diese mit einem Off-Kommentar einer omniszienten Erzählerstimme:

„There is an answer to the doctor's question. All the Dachaus must remain standing. The Dachaus, the Belsens, the Buchenwalds, the Auschwitzes – all of them. They must remain standing because they are a monument to a moment in time when some men decided to turn the Earth into a graveyard. Into it they shoveled all of their reason, their logic, their knowledge, but worst of all, their conscience. And the moment we forget this, the moment we cease to be haunted by its remembrance, then we become the gravediggers. Something to dwell on and to remember, not only in the Twilight Zone but wherever men walk God's Earth"[5].

Deaths-Head Revisited ist dabei trotz aller spektakulärer Phantasmagorie vor allem eine Geschichte über Verklärung, Verdrängung, trau-

---

[5]   *Deaths-Head Revisited*, 0:23:30.

matische Erinnerung und Erinnerungskultur mit Geistermetaphorik. Jede auftretende Figur, von der deutschen Empfangsdame an der Hotelrezeption über den SS-Mann bis zum Arzt wird im Verhältnis zu ihren Erinnerungen an Dachau gezeichnet, die Gespenster selbst sind zur Allegorie gewordene Erinnerungen an verdrängte Schuld, während der Wert des Ortes als Mahnmal im Epilog hervorgehoben wird. Diese Perspektive auf Konzentrationslager ist bemerkenswert und untypisch für das Genre, ist das KZ in den meisten hier behandelten Analysebeispielen doch eher Tatort denn Teil der Erinnerungskultur.

Die von Steven Spielberg 1983 als Episodenfilm auf die Leinwand gebrachte Adaption und Verneigung vor Rod Sterlings *Twilight-Zone*-Fernsehserie mit dem gleichen Namen beinhaltet ebenfalls eine übernatürliche Rachephantasie mit Konnex zum Holocaust. Hier wird ein amerikanischer Stammtischrassist von geheimnisvollen Kräften durch verschiedene Realitätsebenen gewirbelt, in denen er die Rolle des Gejagten in einem Unterdrückungssystem einnehmen muss: als Afroamerikaner in den Südstaaten der USA, gejagt vom Ku-Klux-Klan, als vietnamesischer Zivilist im Vietnam-Krieg und als Jude im Vichy-Regime auf der Flucht vor der Gestapo. Oft setzen jene Narrationen, in denen einer Täterfigur durch übernatürliche Kräfte „Gerechtigkeit" wiederfährt, etwas, das sie als „bittere Ironie" verstehen, an das Ende: So verbleibt der Rassist, der nicht etwa aus einem Alptraum aufwacht, zuletzt festgesetzt von der Gestapo in der Realitätsebene des kollaborierenden Frankreichs und wird deportiert. Der Zuschauer soll dies dem unsympathischen Protagonisten wohl mit einem gewissen Schauern ruhig gönnen. In Gerechtigkeits- und Rachephantasmen werden wieder und wieder die Szenarien durchgespielt, es den Täterfiguren – wie man sagt – „mit gleicher Münze heimzuzahlen". Dass die Deportation und Verbringung in die Vernichtungsmaschinerie des Holocaust dabei dazu gereicht, im Idealfall schadenfroh aufzulachen und zu verkünden, *hat er ja nicht besser verdient*, ist eine zumindest fragwürdige Haltung.

Einen besonderer Fall des Mottos „jemanden etwas von der eigenen Medizin schmecken lassen" stellt ebenso die Episode *Tribunal* der in der Tradition von *Twilight Zone* stehenden Mystery-Serie

Outer Limits dar. Die am 14. Mai 1999 erstmals ausgestrahlte Folge beginnt mit einem Häftlingsappel in Auschwitz-Birkenau. Deutlich bedient sich das Filmbild der erlernten Darstellungsmuster aus *Schindler's List*, bis hin zum Einsatz der Musik. Mit Hilfe von CGI[6] wird gar eine Weitaufnahme über das Lager gezeigt, die Schornsteine der Krematorien stehen auch hier als Zeichen für die drohende Vernichtung. Drastisch wird die Brutalität des fiktiven SS-Kommandanten Karl Rademacher ausgespielt, er demütigt, droht, wird sexuell übergriffig und erschießt schließlich eine Frau vor den Augen ihrer Tochter und ihres Mannes, Leon Zgierski. Seine Tochter wird ihm von SS-Wachen entrissen und, so vermutet man, in der Gaskammer ermordet. Die historische Reinszenierung des Grauens der Vernichtungslager erfährt jedoch einen jähen Bruch: Die SS wird auf einen Häftling aufmerksam, der eine für sie ungewohnte, für den Zuschauer nicht in das historische Setting einzuordnende Handlung ausführt: Er macht Notizen in ein Touchbook. Die Wachen jagen ihm nach, doch er rettet sich in eine Baracke, wo er eine taschenuhrartige Apparatur hervorholt und auf einen Knopfdruck verschwindet.

Die Erzählung springt zu dem New Yorker Anwalt Aaron Zgierski, dessen Vater Leon es war, der in Auschwitz-Birkenau inhaftiert war und dort Frau und Kind verlor. Aaron, sein Sohn, trägt das Trauma des Vaters fort und versucht in seiner Arbeit zugleich, das Geschehene zu bewältigen: Er plant, dem in den USA von ihm enttarnten kommandierenden SS-Offizier Rademacher den Prozess machen.

Als das Verfahren aus Mangel an Beweisen zu scheitern droht, wird der Anwalt von einem mysteriösen Mann, dem Häftling mit dem Touchbook, besucht, der ihm Beweismaterial aushändigt. Er ist, so erfahren wir, ein Zeitreisender aus dem 21. Jahrhundert, der helfen möchte, den Kriegsverbrecher zu überführen.

Trotz der neuen Beweise droht der Prozess gegen den SS-Mann

---

6   Computer Generated Imagery, Begriff für 3D-Computeranimation im Kino. Auschwitz wurde hier am Computer nachgebaut, um eine Weiteinstellung zu ermöglichen, deren Kosten bei einem Kulissenbau das Budget einer Fernsehproduktion gesprengt hätten.

zu scheitern. Als dieser am Ende der Episode die USA verlassen und in Südamerika untertauchen will, wird er vom Anwalt und dem Zeitreisenden gestellt. Sie ziehen ihm die gestreifte Häftlingskleidung und sich selbst SS-Uniformen an und bringen ihn in die Vergangenheit nach Auschwitz, um ihm seine eigene Interpretation von Gerechtigkeit vorzuführen. Im Vernichtungslager versucht der alte Mann seinem früheren Ich zu erklären, dass er nicht an diesen Ort gehöre, und wird dafür erschossen, sich in einer phantastischen Ich-Aufspaltung selbst richtend.

Aaron, nun in SS-Uniform gekleidet, erblickt seinen Vater als jungen Mann mit seiner Tochter. Er weiß, dass sie im Gas sterben wird. Während der Zeitreisende versucht, ihn abzuhalten, da sie die Geschichte nicht so gravierend verändern dürften, stürmt Aaron auf Leon und seine Tochter zu, entreißt sie ihm und springt mit ihr und dem Zeitreisenden zurück in seine Zeitlinie. Entweder hat Aaron die Geschichte damit verändert, oder aber dies war von vornherein vorgesehen, da Leon nur vermutete, dass seine Tochter getötet wurde, nachdem sie ihm von den SS-Männern, die nun, wie sich herausstellt, sein verkleideter Sohn und der Zeitreisende waren, entrissen wurden.

Zurück in den 90er Jahren wird gezeigt, dass Aaron seine Halbschwester aus der Vergangenheit wie eine Tochter aufzieht. Er besucht seinen Vater Leon und zeigt ihm das adoptierte Mädchen. Dieser schreckt auf und meint für einen Augenblick, seine vor über 50 Jahren ermordete Tochter in ihr zu erkennen. Es folgt die auf den Leib geschriebene Geste der Authentizität: Dem kleinen Mädchen wird der Ärmel hochgeschoben; an der Häftlingsnummer erkennt Leon, dass es wirklich seine Tochter ist, und er umarmt sie unter Tränen.

Wieder mag man einwenden, dass diese Darstellung der Shoah und das Rachephantasma des Täters, der seine eigene Medizin schmecken muss, rein exploitativ Auschwitz zum Gruselkabinett profanisiert und sich dabei der in der Populärkultur zirkulierenden Versatzstücke des Holocaust bedient. Dass nicht zuletzt diese popkulturellen Bearbeitungen der Shoah durch die Phantastik etwas mit kultureller Phantasiebildung und gesellschaftlichen Traumata durch

den Holocaust auch bei den Folgegenerationen zu tun haben mag,
wird aber an dem Story-Twist der nur scheinbar ermordeten Tochter
deutlich. Was zunächst vielleicht als geradezu empörendes Märchen
vom Überleben erscheinen mag, erhält doch letztlich eben durch das
Zeitreiseelement eine Wendung, die das Phantasma, ähnlich wie es
an anderer Stelle für die Holocaust-Tragikomödien *Zug des Lebens*
und *La Vita È Bella* dargelegt wurde[7], gerade durch den Modus der
Unmöglichkeit der Phantastik bitter ausstellt. Kein Zuschauer kann,
anders als beim „Happy End" von *Schindler's List*, an dieses Ende
glauben. Allein durch den gesetzten Rahmen der Serie *Outer Limits* wird der phantasmatische Charakter der Erzählung ausgestellt.
Dass man einer bitteren Wunschvorstellung vom Überwinden des
Traumas zugesehen hat, wird schließlich durch ein kurzes Nachwort
untermauert:

„Dedicated to my father who survived Auschwitz … and to his
wife and daughter who did not." Die Zeile lässt der Drehbuchautor und ausführende Produzent Sam Egan der Episode anhängen.
Hier verwebt sich die Autobiographie eines Traumatisierten zweiter
Generation, ähnlich wie Art Spiegelmann als künstlerisches Autor-
Subjekt einer ist, mit der Darstellung eines Holocaust-Phantasmas
im Modus der Phantastik.[8]

---

7   Vgl.: Žižek, S. 26-29; Anja Oster, Walter Uka: „Der Holocaust als Filmkomödie",
     S. 262 ff oder Silke Wenk: „LA VITA È BELLA zwischen Medienreferenz und
     ‚Postmemory'", in *Lachen über Hitler – Auschwitz-Gelächter?*, Margrit Frölich,
     Hanno Loewy, Heinz Steinert (Hg.), edition text + kritik 2003, S. 212 f.

8   Ich selbst muss gestehen, dass ich die Episode zunächst als wesentlich proble-
     matischer betrachtete, nun verstellt mir das autobiographische Element in die-
     ser Holocaust-Erzählung die Kritik. Gemeinhin gilt es, den Autor und seine
     Biographie in den Wissenschaften nach dem „Tod des Autors" und den Folgen
     zu missachten. (Gemeint sind die Paradigmenwechsel des Diskurses um das
     Autor-Subjekt zunächst in der Literatur, dann ausgeweitet auf „Werke" ver-
     schiedenster Medien: Vgl.: Roland Barthes: „Der Tod des Autors", in: Fotis Jan-
     nidis, Gerhard Lauer, Matias Martinez, Simone Winko (Hg.): Texte zur Theorie
     der Autorschaft, Reclam, Stuttgart 2007; Michel Foucault: „Was ist ein Au-
     tor?" in: Fotis Jannidis, Gerhard Lauer, Matias Martinez, Simone Winko (Hg.):
     Texte zur Theorie der Autorschaft, Reclam, Stuttgart 2007; und speziell für
     die filmwissenschaftliche Debatte: Jürgen Felix: „Autorenkino", in: ders. (Hg.):
     Moderne Film Theorie, Bender, Mainz 2003.) Dennoch stellt seine Präsenz in
     den Holocaust-Erzählungen für mich eine ganz eigene Autorität dar. Wollte

Zwei weitere erwähnenswerte Fallbeispiele von Phantasmagorien mit Auschwitz-Konnex beinhalten bemerkenswerte Irritationsmomente.

Books of Blood (2008) ist die Verfilmung einer Short-Story des populären britischen Horrorschriftstellers Clive Barker. Der Film handelt von einem Haus, das als „Kreuzung" zwischen den Welten der Lebenden und der Toten beschrieben wird. Ein junger Mann wird aufgrund einer vermeintlichen starken medialen Begabung von einer Professorin, die Untersuchungen in der Parapsychologie unternimmt, engagiert, um in einem kontrollierten Experiment nachts in diesem Haus zu schlafen.

Der junge Mann entpuppt sich zwar als Schwindler, was man sich jedoch von dem Haus als „Kreuzung zwischen den Welten" erzählt, entspricht der Wahrheit. Die Geister schreiben den Lebenden ihr mahnendes Menetekel an die Wände „Macht euch nicht über uns lustig!", doch als das „Medium" dieser Warnung nicht nachkommt

---

ich zunächst *Outer Limits* bis zu einem gewissen Grad respektlosen Umgang mit der Thematik vorwerfen, stelle ich mir stattdessen die Frage: Wer bin ich, einem Traumatisierten zweiter Generation seine familiäre Trauma-Arbeit vorzuwerfen, auch wenn sie mit den Mitteln der Populärkultur zur öffentlichen Angelegenheit wird? Natürlich mag man mir an dieser Stelle vorwerfen, ich würde mich quasi „aus der Affäre stehlen", da ich mit einem solchen Argument Gefahr liefe, in einem Fall wie etwa Lanzmann gegen Spielberg, in dem zwei Autorsubjekte mit jüdischem Hintergrund unvereinbare Konzepte von Holocaust-Repräsentation aufeinanderprallen lassen, meine wissenschaftliche Urteilskompetenz zu verlieren. Ich entlehne mein Argument an dieser Stelle Adorno und wende es, wohl gegen seine Intention, auf ein Produkt der Kulturindustrie an. Adornos in Arbeiten um mediale Holocaust-Verarbeitung schon fast obligatorisch zitiertes Diktum, dass ein Gedicht nach Auschwitz nicht möglich sei, wurde letztlich an einer viel weniger häufig angeführten Passage von ihm selbst relativiert: „Das perennierende Leiden hat soviel Recht auf Ausdruck wie der Gemarterte zu brüllen; darum mag falsch gewesen sein, nach Auschwitz ließe kein Gedicht mehr sich schreiben."(Theodor W. Adorno: Negative Dialektik, Suhrkamp, Frankfurt a.M. 1966, S. 353. Zitiert nach und vgl. zu dieser Stelle auch: Gertrud Koch: Die Einstellung ist die Einstellung, Suhrkamp, Frankfurt a.M. 1992, S. 143 ff.) Unter diesem Gesichtspunkt betrachtet, fasse ich *Tribunal* (wie auch einige andere Rachephantasmen) in einer Denkfigur als „Brüllen des Traumatisierten" zweiter und dritter Generation über das vererbte Familientrauma oder das historische Trauma, das ebenso sein Recht auf Ausdruck hat.

Abb. 10: Book of Blood

und seinen Betrug fortsetzt, erfolgt im Showdown des Horrorfilms
die ironische Rache. Die Toten, die offenbar allesamt das Bedürfnis
haben, ihre Geschichten zu erzählen, benutzen das „Medium" im
buchstäblichen Sinne. Sie ritzen ihm die Worte ihrer Lebens- und
Leidensgeschichten bei lebendigem Leibe in die Haut. Ein Blick in
die Welt der Toten zeigt, wie sie zu Tausenden anstehen, um das
Medium zu beschreiben, ihre Kostüme kennzeichnen sie als Opfer
verschiedenster Unglücke und Situationen: pestgezeichnete Mütter
mit Kindern, Feuerwehrmänner, Soldaten in Uniformen des 18. Jahrhunderts. Das erste jener Gespenster, die mit eingefallenen Wangen
und leeren schwarzen Augenhöhlen kniend mit einer Glasscherbe
ihre Leidensgeschichten in die Haut des Protagonisten ritzen, wird
durch die gestreifte Kleidung und Mütze als Opfer eines Konzentrationslagers gekennzeichnet.[9] Keine gezielte Provokation, obgleich
an dieser Stelle eingebracht zutiefst schamlos, gehört eben der Ermordete der Konzentrationslager zu den ikonographischen Bildern
der Toten, die in unserer Medienwelt zirkulieren und den gewalt-

---

[9]   Vgl.: Abb. 10.

samen Tod an sich als traumatisches Bild bezeichnen müssen.[10] Geradezu zynisch erscheint dabei, inwieweit dieses abgemagerte, eingefallene Gespenst eine bildliche Reminiszenz an diejenigen „lebenden Toten", jene noch lebenden Holocaust-Opfer, die bis zur Unkenntlichkeit gehungert hatten, darstellt, die von den Alliierten in den von der SS aufgegebenen Lagern auf Film dokumentiert wurden. Dass die Toten der Shoah, von denen in der Realität im Namen der Menschlichkeit ja tatsächlich Geschichten und Namen bewahrt werden müssen, hier als Spuk dieser Forderung Nachdruck verleihen, führt die pseudomoralische „Botschaft" des Films (die natürlich ohnehin reiner Vorwand für die Phantasmagorie ist) massiv *ad absurdum*: Man macht sich nicht ohne Konsequenzen über die Toten lustig, droht hohl der Film innerdiegetisch und zieht profilmisch einem eingefallenen Geisterbahnskelett die Häftlingskluft über.

Einen noch befremdlicheren Ansatz liefert der auf den narrativen und ästhetischen Schemata der neuen Welle japanischer Geisterfilme und ihrer US-Remakes basierende Horrorfilm *The Unborn* aus dem Jahr 2009.

Der Film erzählt von der jungen Amerikanerin Casey Beldon, die an verwirrenden Tag- und Alpträumen leidet, in denen ihr ein bleicher Junge in anachronistischer Kleidung und mit toten, hellblauen Augen nachstellt. Begleitet wird er je nach Szene von einem dämonischen Hund oder diversem Krabbelgetier. Da Caseys Mutter bereits vor einigen Jahren in geistiger Umnachtung in einem Sanatorium Selbstmord begangen hat, sorgt Casey sich um ihre eigene geistige Gesundheit und beginnt in der Familiengeschichte zu forschen. Dabei stößt sie in den Hinterlassenschaften ihrer Mutter auf einen Artikel, der die Geschichte ihrer Familie mit dem Holocaust verwebt. Offenbar hat Casey eine noch lebende Großmutter, Sofi Kozma, die sie daraufhin in ihrem Altersheim aufsucht.

Sofi, auf ihrem Arm wird die eintätowierte Nummer in einer Detailaufnahme betont, offenbart Casey schließlich die dunkle Familiengeschichte und den Grund für die Visionen:

---

[10] Im Übrigen bin ich der Meinung, dass der eindeutig amerikanische Feuerwehrmann, der wie der KZ-Häftling ebenfalls von der Einstellung privilegiert wird, ohne den 11. September nicht auf diese Weise inszeniert worden wäre.

1944 wurden sie und ihr Zwillingsbruder Barto als deutsche Juden nach Auschwitz deportiert. Das Filmbild springt dabei, während die Stimme Sofis zum Off-Kommentar wird, in ein – man muss es so polemisch fassen – Gruselkabinett mit Auschwitz-Inspiration: Ein Filter nimmt dem Filmbild die warmen Farben, während die Musik ein typisch unheilsschwangeres Klanggewirr erzeugt. Die Tür einer Baracke wird geöffnet, und zwei Kinder, Sofi und Barto, auf deren Kleidung der Judenstern zu erkennen ist, werden von einem Wachmann hereingeführt. Sofis Stimme im Off berichtet in einem unpassend an Geistergeschichten am Lagerfeuer erinnernden Timbre, dass sie zum leitenden Arzt gebracht wurden, einem Mann, der von Zwillingen besessen war. Eine Gestalt in SS-Uniform wird in einem unterbeleuchteten Raum in einer Fluchtlinie von mehrstöckigen Barackenpritschen in der Totalen inszeniert. Aus den Pritschen schauen gestaffelt nach hinten Gesichter von Zwillingskindern hervor, während die Kamera langsam, eine Subjektive von Sofie und Barto einnehmend, auf den Uniformierten zufährt.[11]

Abb. 11: The Unborn

---

[11] Vgl.: Abb. 11.

Die gewählte Einstellung erscheint sowohl von tatsächlichem historischen Material als auch von *Schindler's List* inspiriert. Während Sofis Stimme berichtet, dass der Mann sehr gutaussehend und freundlich war, wird Dr. Mengele (denn niemand anders soll der KZ-Arzt mit Hang zu Zwillingen und zum Okkulten sein) nun durch einen Over-Shoulder-Shot der Kinder und somit in Untersicht gezeigt. Er beugt sich langsam, in steifer militärischer Haltung herab, lächelt und holt eine Hand hinter dem Rücken hervor. Der Schnitt springt auf einen Close-Up der schwarz behandschuhten Hand, die zwei glitzernde Bonbons präsentiert. Zögernd nehmen die Zwillinge die Süßigkeiten, eine Szene, die unweigerlich an Pädophilie denken lässt, als sich, untermauert von einem bedrohlichen Soundeffekt, ein Schatten über das Bild der Kinder schiebt, der als Umschnitt fungiert. Während Sofis Stimme im Off von sadistischen medizinischen Experimenten berichtet, die die Grenze zwischen Wissenschaft und Okkultismus überschritten, zeigen die folgenden Einstellungen die beiden Kinder in einer grausamen Collage in Tradition der Sadiconazista: festgeschnallt auf Experimentiertischen, im Arm eine Kanüle, durch die Blut fließt, während behandschuhte Hände ihre Arme abbinden; dann in Unterwäsche, mit angezogenen Beinen hockend an Infusionen und Schläuche angeschlossen, während Männer in Kitteln im Hintergrund andere Kinder untersuchen; im nächsten Bild werden sie mit kahlrasierten Köpfen gezeigt, sich sorgenvoll anblickend, während Nazi-Doktoren Schädelvermessungen an ihnen durchführen; dann aus Obersicht auf zwei nebeneinanderliegende Seziertische geschnallt, eine undefinierbare Apparatur zwischen ihnen[12]; daraufhin der Junge Barto, wie er von Dr. Mengele eine Spritze in den Augapfel verabreicht bekommt, um zu prüfen, ob man dessen Irisfarbe verändern kann; als nächstes, wie ein Leichentuch über ihn gelegt wird und seine Schuhe auf einen Stapel Kinderschuhe geworfen werden, und schließlich, wie sein Körper sich in der Leichenhalle der Experimentierabteilung von Auschwitz unter dem Leichentuch in bester Horrorfilmmanier aufrichtet, es abstreift und mit toten, hellblauen Augen ins Leere starrt.

---

[12] Vgl.: Abb. 12.

Die tatsächlich im Namen der Eugenik an Zwillingen durchgeführten Folter-Experimente gereichen *The Unborn* zur Horrorfilmmaske seiner Spukgestalt.

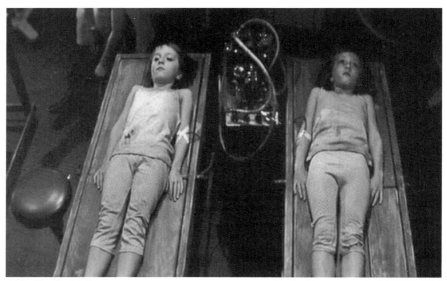

Abb. 12: The Unborn

Sofi erzählt, dass ihr Bruder an den Experimenten starb, jedoch zwei Tage später wiederkehrte. Die Nazis, so Sofi, hatten durch ihre okkulten Experimente einen Durchgang geöffnet, und ein körperloser Dämon – ein Dibbuk – hatte diesen Durchgang in die Welt benutzt und den Körper ihres Bruders als Gefäß genommen. Nach einem kurzen Szenenwechsel in das Gespräch springt die Einstellung ein letztes Mal zurück in die Baracke. Kinder in Häftlingskleidung haben sich in ängstlicher Distanz um den Jungen geschart, der mit dem Rücken zu ihnen aus dem Fenster starrt. In der Folgeeinstellung wird sein Gesicht von außen durch die von Regen überströmte Scheibe gezeigt, seine Züge werden durch digitale Bildbearbeitung dämonisch verzerrt. Dann erfolgt ein Schnitt auf die Gruppe der Häftlingskinder: Alle blicken furchtsam mit großen Augen, nur Bartos Schwester Sofi in der Mitte der Gruppe wirkt grimmig entschlossen, während sie aus dem Off berichtet, dass sie von Anfang an bemerkte, dass der Zurückgekehrte nicht länger Barto sondern ein Dämon war. Sie tötete den Körper ihres Bruders und band damit den Dämon an ihre Familie, der seither stetig versucht, wieder in die Welt zu kommen.

Casey wird sich im Folgenden von dem Familienfluch von Auschwitz befreien, indem sie einen Rabbiner als Exorzisten engagiert.

Es ist paradox, dass das Opfer der Nazi-Verbrechen in diesem Film als heimsuchender Spuk wieder und wieder getötet und spirituell überwunden werden muss, während Auschwitz und seine Akteure, hier Mengele, andere Doktoren und Wachen, stumm, beinahe wie unvermeidliche Naturgewalten lediglich den morbid-exotistischen Rahmen und narrativen Ursprung des Horrors liefern.

Will man den Plot um die verdrängte Familiengeschichte ernst nehmen, müsste man ihn folgendermaßen fassen: Der Kern des familiären Traumas, das bereits die zweite Generation zerstört hat, erzeugt noch in der dritten Generation, die die jüdische Identität völlig abgelegt hat, Symptome. Die dritte Generation muss zugleich den Kern erkennen (ihre Familie ist Opfer des Holocaust) und die eigene jüdische Identität wiederfinden (sie bittet einen Rabbiner um Hilfe). Das soll aber keinesfalls die Inszenierung einer Auschwitz-Geisterbahn, den hanebüchenen Plot oder die Stilisierung eines Opfers zum Schreckgespenst, dessen körperliche Monstrosität gar an den leeren Augen festgemacht wird, die durch die Experimente Mengeles plausibilisiert sind, entschuldigen. *The Unborn*, das muss noch einmal betont werden, ist kein Exploitation- oder Undergroundkino des bewusst schlechten Geschmacks, der Film nimmt sich ernst, hatte ein 16 Millionen-Budget und wartet auch mit Hollywoodprominenz, wie Gary Oldman in der Rolle des exorzierenden Rabbiners, auf. Der Film war kein Kassenschlager, wollte unter Umständen jedoch einer sein und ist exemplarisch und symptomatisch für einen zunehmend fragwürdigeren Umgang mit der Shoah im Popkornkino.

Ein besonderer Fall einer phantastischen Rächerfigur, für die eine fiktive Biographie als Holocaust-Opfer erdacht wurde, ist Eric Lensherr, alias *Magneto*, Gegenspieler der Vereinigung mutierter Superhelden, der *X-Men* aus der gleichnamigen Comic- und Filmreihe. Die Diegese von *X-Men* entwirft ein dystopisches Bild der amerikanischen Demokratie, die nicht zufällig an die McCarthy-Ära erinnert. In der Bevölkerung treten Mutanten auf, die aufgrund ihrer „übermenschlichen" Fähigkeiten von der Gesellschaft zu unrecht kritisch beäugt bis gefürchtet und von einem rechtskonservativen Flügel der amerikanischen Politik mit repressiven Gesetzen diskriminiert werden. Die Mutanten sollen dabei eine offene Metapher für alle Formen verfolgter Gruppen bilden, sei es aufgrund von Herkunft, Religion oder Sexualität. Der Film entfaltet sich aus der Sicht jener Mutanten und stellt dem Zuschauer zwei politische „Lager" der Verfolgten vor, die auf Integration setzende „gute" Fraktion der „X-Men", und die terroristische Untergrundorganisation der „Brotherhood". Die Exposition des ersten Teils der *X-Men*-Kinofilmreihe widmet sich nun bezeichnenderweise der (bereits in den Comics entworfenen) Vorgeschichte des Antagonisten der *X-Men*, des Anführers der „Brotherhood", Magneto. Nachdem die Anfangscredits eine bunte, wilde, graphische Achterbahnfahrt durch Buchstaben, elektrische Entladungen und Chromosomengebilde unternommen haben, die den Betrachter auf Comic-Action und Science-Fiction-Ikonographie einstimmt, wirft das Filmbild den Zuschauer unvermittelt durch die Öffnung eines metallischen X in eine graue Schlammpfütze und in ein nur allzu bekanntes historisches Setting: „Polen 1944", wird das Filmbild erläutern. Der Regisseur Bryan Singer stellt das Reenactment eines Lagereinmarsches von deportierten Juden nach Auschwitz an den Anfang seines Superhelden-Films. Fast möchte man unterstellen, er habe aus *Schindler's List* gelernt,[13] dass diese Welt nur wenig Farben hat. Zwar nutzt er kein Schwarzweißmaterial, das Filmbild jedoch wird soweit gefiltert, dass einzig die Judensterne auf den Jacken der Deportierten gelbleuchtend hervortreten. Singer kann die herausgebildete Holocaust-Ikonographie so verdichtet einsetzen, dass die Unter-

---

13 Vgl.: Hanno Loewy: „Der Überlebende als böser Held. X-Men, Comic-Culture und Auschwitz-Fantasy", in: Susanne Düwell, Matthias Schmidt (Hg.): *Narrative der Shoah*, Ferdinand Schöningh, Paderborn, München, Wien, Zürich 2002, S. 174. Im Folgenden zitiert als: Loewy „Der Überlebende als böser Held".

titelung „Polen 1944" unnötig erscheint: SS-Wachen, Hundegebell, Klagelaute, Großaufnahmen verhärmter, trauriger Gesichter. Menschen werden im Regen an Stacheldraht vorbeigetrieben, hinter dem Zwangsarbeiter in Häftlingskluft sich durch den grauen Schlamm mühen. Die Einstellung auf die Häftlinge wird als subjektivierende Perspektive einem Jungen zugeschrieben, der den jungen Magneto darstellen soll. Sein Blick, so suggeriert der Film in einer Detailaufnahme, fällt auf die Arme mehrerer Zwangsarbeiter, auf denen die eintätowierte Nummer fokussiert wird. Die Gruppe wird selektiert, SS-Wachen reißen Familien auseinander. Der Film nutzt diesen trau-

Abb. 13: *X-Men*

matischen Moment, um ein erstes Mal die Phantastik in die Diegese einzubinden und Magnetos entfesselte Kräfte zu demonstrieren, eine Art Initiation und Psychologisierung des späteren Antagonisten. Als er gewaltsam von seiner Mutter getrennt werden soll, verbiegt er mit telekinetisch-magnetischer Kraft ein schweres Eisentor, das sich zwischen ihm und ihr geschlossen hat. Es braucht vier Wachen und einen Schlag mit dem Gewehrkolben, um den kleinen Jungen niederzuringen. Die letzte Einstellung dieser Exposition zeigt das verbogene Eisentor, dahinter architektonische Strukturen. Daraufhin fährt das Filmbild nach oben und präsentiert das Symbol der Massenvernichtung, das in so vielen Holocaust-Erzählungen des Kinos auf das Zuschauerwissen zurückgreift und die narrative Lücke füllt, die hier nach dem Schicksal der Mutter fragt: ein Schlot über dem Krematorium.[14]

Die traumatische Ikonographie findet sich in ähnlicher Weise in *Schindler's List* oder *Tribunal* aber auch im Horrorfilm *Hostel* wieder.[15]

Abb. 14: Schindler's List

Der Auschwitz-Überlebende als *Evil Villain* – hier schließe ich mich der ausführlichen Analyse der Figur durch Hanno Loewy[16] an – ist dabei keine antisemitische Provokation. Vielmehr wird auf Auschwitz-Narrationsschablonen als kulturelles Wissen des Zuschauers bzw. Comiclesers zurückgegriffen, um ein komplexeres, diegetisches Universum zu kreieren, das nicht nach dem klassischen Superman-Schema funktioniert, in dem das „Böse" von außen die

---

[14] Vgl.: Abb. 13.
[15] Vgl.: Abb. 14 und Abb. 15.
[16] Vgl.: Loewy „Der Überlebende als böser Held".

an sich gute Gesellschaft bedroht und vom inkorporierten „Guten" in seine Schranken verwiesen werden muss. *X-Men* zeigt eine ambivalente Gesellschaft, die von innerer Faschisierung bedroht ist, auf die ein traumatisierter Antagonist mit Gegengewalt reagiert, während die Protagonisten auf verlorenem Posten versuchen, zwischen den beiden Polen eine Eskalation zu vermeiden. Der Holocaust-Hintergrund Magnetos, der im Comic soweit geht, in seiner Biographie die Räumung des Warschauer Ghettos, die Erschießung und Verbringung seiner Familie in ein Massengrab, seine Deportation nach Auschwitz und sein Überleben durch die Arbeit bei den Sonderkommandos zu erwähnen, lässt ein ambivalentes Bild des *X-Men*-Universums zurück: Es möchte – so scheint es – neben dem mythischen Kampf zwischen Gut und Böse auch etwas über Faschismus, Diskriminierung und Ausgrenzung erzählen, die Versatzstücke einer Auschwitz-Biographie jedoch werden dabei zum Salz in der narrativen Suppe reduziert, um den Antagonisten zu psychologisieren, seine Handlungen zu plausibilisieren und ihn zu einer komplexen, tragischen Figur zu formen.[17]

Zu Bryan Singer (*X-Men*) und Guillermo del Toro (*Hellboy*) gesellt sich ein weiterer großer Name des aktuellen Unterhaltungskinos der ersten Riege Hollywoods, der eine mythisch aufgeladene Fantasy-Story mit dem Holocaust verwebt, in der sowohl das historische Setting „Dachau" als auch ein Rachephantasma eine Rolle spielen: Michael Mann mit seinem (gescheiterten) Versuch, 1983 (noch außerhalb Hollywoods) mit *The Keep* einen Box-Office-Hit zu landen.

Der Film ist ein seltsamer Genremix aus Fantasy-, Horror- und Kriegsfilm, der es schafft, seine Bildwelten der vierziger Jahre bisweilen wie Settings aus einer archaischen Vergangenheit oder einer mittelalterlichen Fantasy-Welt zu inszenieren, in die dann den-

---

[17] Die Produzenten von *X-Men* kündigen im Übrigen an, sich der Geschichte der Figur Magneto (nicht zuletzt bei den Sonderkommandos) in einem eigenen Film, *X-Men-Origins: Magneto*, widmen zu wollen: „*The Pianist* meets *X-Men*!" schwärmt der Drehbuchautor Sheldon Turner unreflektiert von dem kommenden Event. http://www.moviesonline.ca/movienews_2091.html, 18.12. 2009, 12:30 Uhr.

Abb. 15: Hostel

noch Wehrmacht und SS eindringen. Der Film beginnt mit dem Ein-
marsch einer deutschen Patrouille in ein rumänisches Dorf. Als man
ein archaisches Heiligtum als Kommandostand auswählt, wird der
Kommandant des Trupps, gespielt von Jürgen Prochnow, von einem
Dorfältesten und Hüter dieses Ortes davor gewarnt, das Heiligtum
zu stören. Die Soldaten jedoch missachten die religiösen Gebräuche
des Dorfs als Aberglauben und beginnen gar, Nachts silberne Siegel
aus den Wänden zu brechen, womit sie einen mächtigen Dämon ent-
fesseln, der in dem Heiligtum gebannt war. Dieser geht nun an dem
Ort um und gewinnt Nacht für Nacht durch das Töten der Soldaten
an Macht. Soweit erscheint die Story wie eine wirre Mixtur aus den
Plots von *Dracula* und *The Mummy*. Da die Verluste der Wehrmachts-
soldaten gemeldet werden, vermutet man Partisanen in dem Dorf,
woraufhin eine Einheit der Waffen-SS in den Ort einrückt und ein
Massaker an der Zivilbevölkerung verübt. Der das sadistische Böse
in der Tradition der Sadiconazista verkörpernde Sturmbannführer
der Waffen-SS wird hier in einem seltsamen, für Hollywood ungewöhnlichen Kontrast zum relativ besonnenen, durchaus nicht un-

sympathisch gezeichneten Wehrmachtskommandanten inszeniert. Fast glaubt man, die erst in den 90er Jahren aufgearbeitete deutsche Verklärung einer „bösen" SS im Gegensatz zu einer unschuldig in die Geschehnisse der Geschichte mithineingezogenen Wehrmacht mythisiert an einem Fantasy-Plot zu beobachten, während in anderen vergleichbaren Produktionen wie *Indiana Jones* klassischerweise auch jeder deutsche Soldat als Nazi gelesen werden kann.

Auch das Holocaust-Versatzstück findet in *The Keep* seinen Platz: Ein jüdischer Historiker (gespielt von Ian McKellan, der ebenso Magneto in *X-Men*, mit *Richard III* eine auf den Faschismus projizierte Darstellung des Shakespeare-Bösewichts als auch den fiktiven KZ-Kommandanten Kurt Dussander in *Apt Pupil* verkörpert) soll auf Anweisung der Deutschen mit seiner Tochter aus dem KZ-Dachau entlassen werden, da er als Experte für das Heiligtum gilt. Das Konzentrationslager wird durchaus reinszeniert, fällt jedoch aus den hier bisher beobachteten Schemata der Darstellungen von späteren Produktionen aus den 90er Jahren völlig heraus. Dies erscheint als ein Hinweis darauf, wie sehr doch die in *Schindler's List* eingesetzte Verbindung der Ästhetik der Dissoziation in Kombination mit der drastisch reinszenierten Gewalt im historischen Setting jene Produktionen stilistisch beeinflusst hat. In der vierunddreißigsten Minute von *The Keep* wird eine kurze Sequenz in Dachau eingefügt. Die Einstellung zeigt zunächst den bedrohlichen Stacheldraht, der das Lager umgibt. Der besagte Professor sitzt stumm neben seiner Tochter, die sich mit einer Roma unterhält. Die Einstellungen geschehen alle durch Stacheldraht im Vordergrund, auch dies nicht ungewöhnlich, aber der Film zeigt weder Häftlingskleidung, sadistische Wachen noch Verzweiflung der Opfer. Im Gegenteil: das größte Problem in den Konzentrationslagern von *The Keep* scheint die Langeweile zu sein. In korrekter Alltagskleidung – Hut, Mantel, Krawatte – unterhält man sich hier über Musik. Ist man als Zuschauer einerseits geschockt von der Drastik, mit der heutige Blockbuster-Produktionen versuchen Holocaust-Inserts zu reinszenieren und für den möglichst drastischen Effekt selbst vor gestellten Massengräbern, Vergasung und Folterexperimenten nicht mehr halt machen, verstört an dieser Stelle die Darstellung Dachaus als gewöhnliches

Gefängnis, in dem der jüdische Wissenschaftler missgelaunt auf seine Entlassung wartet, während seine Tochter und ihre Gesprächspartnerin offensichtlich während des Gesprächs so etwas wie Erdnüsse essen. Doch zeigt sich an späterer Stelle, dass der Film die Massenvernichtung nicht ignoriert. In der zweiundsechzigsten Minute trifft der Historiker auf den entfesselten Dämon und spricht von den Todeslagern. Er schließt einen Pakt mit dem Wesen, das ihm verspricht, die „Soldaten in Schwarz" und ihren Führer in Berlin für das, was sie „seinen Leuten" antun, zu zerstören. Fortan mordet die Entität im Auftrag des jüdischen Wissenschaftlers Nazis, eine Konstellation, die Anklänge an die Golem-Legende im Gewand eines Fantasy-Rachephantasmas beinhaltet. Natürlich muss der Wissenschaftler nach den Gesetzen des Genres am Ende erkennen, dass er „den Teufel mit dem Belzebub" auszutreiben versucht hat.

Das Motiv des Golem als spezifisch jüdischer Rachegestalt wird im Übrigen auch in der *X-Files*-Episode *Kaddish* aufgegriffen. In der im modernen New York spielenden Episode beschwört die trauernde Verlobte des Opfers eines antisemitisch motivierten Mordes einen Golem, um Rache an den Tätern aus dem amerikanischen Neo-Nazi-Milieu zu üben.

Nicht zuletzt wird in Quentin Tarantinos Rache-Phantasma *Inglourious Basterds* die Inkorporation der Leinwandrache für den Holocaust, Donny *The Bear Jew* Donowitz, gespielt von *Hostel*-Regisseur Eli Roth von den Nazis, so erwähnt es die groteske Hitlerfigur des Films, als Golem gefürchtet. Der jüdisch erzogene Roth bezeichnet seine Rolle des skalpierenden Nazi-Schlächters als „kosher porn"[18], während in der gespaltenen Presse der üble Beigeschmack reflektiert wird, dass die postmoderne Blutrachephantasie des mit gleicher Münze heimzahlenden Juden diese zu den neuen Nazis stilisiere:

„At the climax of Quentin Tarantino's latest movie, *Inglourious Basterds*, which is set during World War II and which is concerned, at least superficially, with Jews, you get to witness a horribly familiar Holocaust atrocity—

---

18   Nick James: „Carve his Name with Pride", in: *Sight and Sound*, Juli 2009, S. 18. Im Folgenden zitiert als: James.

with a deeply unfamiliar twist. A group of unsuspecting people is tricked into entering a large building; the doors of the building are locked and bolted from the outside; then the building is set on fire. The twist here is not that Tarantino, a director with a notorious penchant for explicit violence, shows you in loving detail what happens inside the burning building—the desperate banging on the doors, the bodies alight, the screams, confusion, the flames. The twist is that this time the people inside the building are Nazis and the people who are killing them are Jews. What you make of the movie—and what it says about contemporary culture—depends on whether that inversion will leave audiences cheering or horrified".[19]

Tarantinos Massenerschießungsszene im Showdown von *Inglourious Basterds*, die David Mendelsohn hier als postmoderne Verkehrung eines typischen Holocaustverbrechens liest, erscheint auch im Kontext der rächenden Gespenster interessant. Obwohl der Film das Konzentrationslager selbst nicht kennt, ist doch der Holocaust in Form des SS-Offiziers Hans „Jew Hunter" Landa und der verfolgten Shoshana Dreyfuß, deren Familie er in der Exposition hat abschlachten lassen, präsent. Ihre Rache ist die des gedemütigten Action-Helden nach Charles Bronson oder Bruce Willis. Es ist ihr Pariser Kino, das für die Premierenfeier eines Nazipropagandastreifens vorgesehen ist, bei dem die gesamte Führungsriege des Dritten Reichs anwesend ist, und es ist ihr Plan, den Saal zu versperren und das Kino mit Hilfe des hochentzündbaren Filmmaterials ihres Archivs durch ihren Mitarbeiter von der Rückseite der Leinwand aus in einen Scheiterhaufen für die Verantwortlichen des Holocaust zu verwandeln. Doch vorher präpariert sie noch eine Anklage an die zum Tode verurteilten und schneidet sie in den Propagandafilm ein: ihr Gesicht in Großaufnahme, das den Nazis ihr kommendes Ende prophezeit. Aber sie selbst soll ihre Rache nicht erleben und wird vorher von einem verschmähten Verehrer aus den Reihen der Nazis halb für das Komplott halb aus verletzter Eitelkeit erschossen. Doch der Film und damit Shoshanas „Revenge of the Giant Face", so der auf B-Movies rekurrierende Titel dieser Episode, ist nicht mehr aufzuhalten. Unter dem bedrohlichen Lachen der Großaufnahme Shos-

---

[19] David Mendelsohn: „Inglourious Basterds – When Jews attack", *Newsweek*, 14.08.2009, http://www.newsweek.com/id/212016, 04.11.2009. 10:33 Uhr.

hanas wird das Filmmaterial entzündet, die Leinwand fängt Feuer und, unterstützt von jenen Untergrundkämpfern der „Basterds", nach denen der Film benannt ist, beginnt eine Abschlachtungsorgie unter den Nazis. Interessant dabei erscheint nun, dass die Leinwand verbrennt und Rauch im Saal aufsteigt, in dem sich die Projektion von Shoshanas lachendem Gesicht diffus dreidimensional manifestiert: Ein mediales Gespenst, nicht phantastisch obgleich phantasmatisch, technisch erklärbar aber zugleich rächender Geist eines Holocaust-Opfers, der sich aus dem Rauch, dem Todessymbol des Holocaust, wieder gebiert und posthum innerdiegetisch den Tod für die Nazis bringt, extradiegetisch zumindest auf die Konstellation reflektiert, dass das Kino sich für die Verbrechen der Nazis rächt, indem sie fortan als Grotesken der Filmgeschichte tausende, ihnen vom Publikum vergönnte Tode wieder und wieder über sich ergehen lassen müssen, eine säkulare, symbolische Höllenvorstellung.

6.3. Grenzen der Sprache des Traumas

Kennt die Welt des Overlook-Hotels aus ‚Shining' Auschwitz? Die Frage mag dem Leser zunächst irrelevant bis zynisch-unsinnig erscheinen, es soll jedoch, über dieses zugegebenermaßen recht eigenwillige Gedankenspiel ein letzter Punkt zu der Figur des rächenden Wiedergängers, wie er in einigen der oben erläuterten Filmplots auftaucht, darlegt werden.

Also, kennt die Welt des Overlook-Hotels aus Stanley Kubricks *Shining*, die des *Amityville*-Horrorhauses oder die des *Poltergeist*-Spuks Auschwitz?

Nein, denn die Diegese der Filme wie auch die Figuren können in dem Sinne nichts „kennen", sie sind fiktionale Figuren in virtuellen Räumen, die nur für die Dauer der Filmprojektion in der wechselseitigen Aktivität von Film und Zuschauer zu einem filmischen Universum werden, und da dieses filmische Universum Auschwitz weder erwähnt noch Andeutungen oder Bildzitate dazu liefert, ist der Film sich des Holocausts nicht bewusst; er gibt dem Zuschauer keine Anhaltspunkte, weswegen er über die Shoah nachdenken sollte. Auch diese Analyse wird keinen Shoah-Subtext in *Shining* aufdecken.

Nun spielt der Film nicht im zauberhaften Lande *Oz*, sondern im Bundesstaat Colorado, in den USA Anfang der 80er Jahre. *Shining* ist somit kein Fantasy-Film, dessen Diegese sich komplett von unserer Welt unterscheidet. Fantasy grenzt sich (eingedenk kaum sauberer Genretrennlinien im postklassischen Kino, wo man immer Ausnahmen von der Regel finden wird) vom Horror dadurch ab, dass bestimmte phantastische Figuren und Fähigkeiten in der Filmdiegese als Normalität dargestellt werden. Die Orks etwa, die im genretypischen Fantasy-Film *Lord of the Rings* im Krieg gegen Menschen in die Schlacht geworfen werden, mögen alle eine monströse und unheimliche Bedrohung sein, solche Bedrohungen gehören aber zur Normalität im erzählerischen Universum „Mittelerde". Nur eines dieser monströsen Fabelwesen, versetzt in ein anderes diegetisches Universum, etwa in die Wälder einer amerikanischen Kleinstadt, bedeutete den Einbruch des Monströsen in die Normalität, der Plot des Horrors.[20] Der Horror entwirft zunächst ein Bild der Normalität, das sich – zwar bisweilen durchaus grotesk überzeichnet – mehr oder minder realistisch an unserer Alltagsrealität orientiert, um das Abnormale einbrechen zu lassen. So eben auch im Horrorfilm *Shining*, der eine Welt entwirft, die zunächst unserer entsprechen soll. Insofern „kennt" die Welt von *Shining* doch, aber ohne es zu erwähnen, Auschwitz, denn es soll sich um unsere Alltagsrealität mit dem Surplus des Phantastischen handeln, und die USA der 1980er Jahre sind nun einmal immer eine Welt nach dem Holocaust.

Der Horror dieses Films, ebenso wie der von *Poltergeist* oder *Amityville*, bedient sich nun einer sehr alten Plotlogik der Geistererzählung. Wenn an einem Ort schlimme Dinge geschehen sind, bleiben nicht nur physikalische Spuren im Raum und traumatische Spuren in der Psyche der Beteiligten zurück; die Wände des Overlook-Hotels haben wie ein Schwamm die Gewalt und das Böse aufgesogen, das dort Nacht für Nacht Partys zu geben scheint: In den Hotelräumen spuken Selbstmörderinnen, vor Jahrzehnten zerstückelte

---

[20] Carroll: S. 200.

Kinder und die dekadenten Gäste einer längst vergangenen Silvesterfeier.

Man hätte an dieser Stelle auch viele andere Spukfilme erwähnen können. Das Motiv der Geister von Menschen, denen schreckliche Gewalt widerfahren ist, und die an den Ort des Verbrechens gebunden sind, ist – man siehe das Kapitel zu Horror und der Sprache des Traumas – so alt wie die literarischen Wurzeln des Genres, ist letztendlich als Metapher des Traumas an sich zu lesen und taucht in seinen spezifischen Variationen fast jedes Jahr erneut im Kino auf.

Angesichts der Shoah-Versatzstücke in der Phantastik werden hier auch die Grenzen der Sprache des Traumas ausgelotet: Man akzeptiert in *Shining* wie in so vielen anderen Geisterfilmen die Logik des Plots, dass Orte, an denen Schreckliches geschehen ist, von Geistern der Opfer und Täter heimgesucht werden, dass Gewaltakte Spuren hinterlassen und schon allein ein übler Mord reicht, um ein Haus für immer zu einem verfluchten Ort zu machen. Filme wie *Shining* lassen uns diese Konstellation für die Dauer der Kinoerfahrung als plausibel erscheinen.

Könnte man sich Auschwitz in der Diegese von *Shining* eigentlich nur auf einen Kilometer nähern, ohne vom ohrenbetäubenden Heulen und Wehklagen von Hunderttausenden Gespenstern gestoppt zu werden? Kann man sich Krematorium II vorstellen in einer Welt, die plausibilisiert, dass nur ein grässlicher Mord ausreicht, um den Schatten des Opfers an den Ort der Gewalt zu binden? Die Gaskammer von Krematorium II ist 210m^2 groß und müsste so auf jedem Quadratmeter mehrere Tausend Gespenster fassen.

Was nützt ein solcher Gedankengang? Ist er nicht lediglich eine respektlose Ausformung jener erschöpfenden Logikdiskussionen aus einer innerdiegetischen Perspektive, wie sie innerhalb der Fankulturen von Fantasy und Science-Fiction in Blogs gepflegt werden?

Die Frage hat ihren Anstoß aus dem gesichteten Material erhalten: Der Plot von *Deaths-Head Revisited* etwa versucht exakt dies zu imaginieren und muss scheitern. Edward J. Ingebretsen betont zwar, inwieweit Gothic-Novel und Horrorfilm eine Sprache des Traumas entwickelt haben, die sich die Erzählungen zu Nutze machen, die sich phantasmatisch um den nicht zu repräsentierenden, traumatischen Kern anlagern²¹, jedoch werden am Zivilisationsbruch auch die Grenzen der Sprache des Traumas deutlich: Ein klassisches Verständnis von Spuk und ein plausibler Geisterplot haben offenbar ähnlich wie das Ius Talionis ein ganz genrespezifisch eigenes Repräsentationsproblem mit dem Holocaust. Zwar ist der Horror das Genre des Ungesagten, des Verdrängten, der zerstörten Körper und der Gewalt, das sich in die Gefilde dessen wagt, was rein mimetisch nicht mehr zu fassen ist, an der Dimension der Shoah aber muss auch der Horror selbstverständlich scheitern.

In den Rachenarrativen kann nur die Schuld des Einzeltäters zur Sprache kommen, die Frage nach der geradezu tayloristischen Arbeitsteilung der Mordmaschinerie bleibt weitestgehend aus. Die Toten von Dachau, die in *Deaths-Head Revisited* den SS-Mann richten und dem Plot zufolge noch immer auf dem Gelände wandeln, sind ein überschaubares Grüppchen, als gäbe es bei den Verbrechen eines KZ-Kommandanten keinen nennenswerten Unterschied zu denen eines Serienmörders.

In dieser Analyse wurde bereits an anderer Stelle, im Kapitel zu den Holocaust-Inkorporationen, dargelegt, dass es einerseits für durchaus möglich erachtet wird, dass nicht zuletzt der Zombie – nicht jener karibische Wiedergänger und auch nicht jene vereinzelten wandelnden Toten des Gothic-Horrors, sondern die globalen Zombie-Apokalypsen des postklassischen Horrors mit ihren Leichenbergen und zivilisatorischen Zusammenbrüchen – den „Spuk" darstellt, der versucht, der Massen von Toten Herr zu werden, die die zweite Hälfte des 20. Jahrhunderts als schreckliche Möglichkeit der Realität den Fiktionen zur Trauma-Arbeit bereitstellte.

So ist es andererseits bezeichnend, dass das Kino den Opfern der Shoah die Figur des Geistes, eines spektralen Körperabbildes der Seele, das Gedanken und Erinnerungen trägt, vorbehält, während der Nazi, wo er nicht gleich zur Maschine transformiert wurde, als Wiedergänger meist der modrige, untote Körper ohne Seele ist, der getrieben vom Willen eines Führers in Grüften den Tod überdauert, um die Lebenden anzufallen. Zombie-Nazis bilden ei-

---

²¹ Ingebretsen: S. xiii.

ne eigene kleine Subkategorie des Zombiefilms[22], sie sind zu finden in *Shock-Waves*, *Oasis of the Zombies*, aktuell in *Dead Snow*, in dem zutiefst respektlosen Amateur-Internetkurzfilmprojekt *The Diary of Anne Frank of the Dead* sowie in den Computerspielen *Castle Wolfenstein*, *Call of Duty: World at War* und *Call of Duty: Black Ops* und wurden natürlich nur auf Bildschirm und Leinwand gebracht, um auf ihnen wiederum aufs Grausamste zerlegt zu werden.

Abb. 16: Dead Snow

---

[22] Vgl.: Abb. 16.

7. Vexierbilder des Holocaust

You call it Holocaust. I call it my daily work!

Gul Darhe'el, Kommandant des cardassianischen Vernichtungslagers Galitepp.
Star Trek: Deep Space Nine, Episode Duet.

Bislang wurde in dieser Analyse dargelegt, dass die Repräsentation der Shoah im fiktionalen Film durch das Darstellungsverbot ästhetische Kategorien evoziert, die sich in Anlehnung an die psychologischen und psychoanalytischen Kategorien von Trauma, Phantasma und Dissoziation beschreiben lassen.

Weiterhin wurde aufgezeigt, dass spezifische Genres, der Horror, der Thriller und auch der dystopische Teil der Science-Fiction sich diesen Kategorien sowohl inhaltlich widmen als auch eine formalästhetische Filmsprache dafür ausgebildet haben. In der Wechselwirkung dieser phantastischen Genres mit der Darstellung des Holocaust wurde speziell auf die Diskursivierungsstrategie der Höllenmetaphorik eingegangen, die in Produktionen mit Authentizitätsanspruch, wie *Schindler's List* oder der *Holocaust*-Fernsehserie, verwendet werden, aber dennoch gleichsam in der Verbindung mit sexualpathologischen Erklärungsmustern im sogenannten Sadiconazista-Film wiederzuerkennen sind. Es wurde dabei die Frage aufgeworfen, ob die Kategorie der Mythisierung und die des Karnevalesken als Arbeit am Trauma beschrieben werden könnten.

Ein weiteres Kapitel wurde der Beschreibung eines Figurentypus, der Holocaust-Inkorporation, gewidmet, die ebenfalls sowohl ein Versatzstück des Films über die Shoah ist, als auch eine Wiederkehr im Horrorfilm findet. In diesem Zusammenhang wurde das Filmmonster als kulturelle Praxis fokussiert. Im anschließenden Kapitel erfolgte die Analyse der Durchmischung der Darstellung von Opfern der Shoah mit der Phantastik und dem Narrativ des Rachephantasmas.

All diese Versatzstücke, Holocaust-Ikonographie in der Bildsprache des Horrors, eine mythologische Durchmischung der Ver-

brechen des Dritten Reichs mit dem Dämonischen, jene monströsen
Kippfiguren des unheimlichen, sexualpathologischen, dämonischen
Nazis und der Spuk der Opfer in Häftlingskleidung, die keine Ruhe
finden und Rache fordern, sind die Strukturelemente, auf denen das
popkulturelle Zitatenspiel aufgebaut ist, in das befremdlicherwei-
se so inflationär eine Film-Vorstellung von Auschwitz im Popcorn-
kino eingewoben wird. Der folgende, letzte Teil dieses Buchs wird
sich mit aktuellen Phänomenen der Verwendung einer Holocaust-
Ikonographie im Kino beschäftigen, die von Mathias N. Lorenz als
das „sinnentleerte Zitieren"[1], von Manuel Köppen und Klaus R.
Scherpe als das Verkommen zum grauenhaften Klischee durch universalisierte Inanspruchnahme bzw. als das „Superzeichen Auschwitz"[2] bezeichnet wurde.

7.1. Der Ursprung alles Bösen

1945 beschloss das amerikanische Militär, deutsche Wissenschaftler, obgleich sie sich an Kriegsverbrechen und Verbrechen gegen die
Menschlichkeit beteiligt hatten, in der sogenannten Aktion „Paperclip" ins Land zu holen, um sich anhand der Forschungen der Nazis einen Vorsprung für den sich bereits am Horizont abzeichnen-
den Kalten Krieg gegen die Sowjet-Union zu sichern. Die prominen-
testen jener Wissenschaftler waren Raketentechniker Wernher von
Braun und Luftfahrtmediziner Dr. Hubertus Strughold, der in die
medizinischen Experimente an Häftlingen unter anderem in Dachau
verstrickt war. Auch der Eugeniker Victor Klemper wurde eingebürgert und führte seine Arbeit für das US-Militär in New Mexico fort:
Er experimentierte an Menschen, um ihr Genmaterial mit dem von
Außerirdischen zu kreuzen. Natürlich nicht in der Realität sondern
im Serienuniversum der beliebten Science-Fiction-Serie *The X-Files*.
Dieser Verschwörungsplot zieht sich durch Episoden verschiedener
Staffeln dieser Serie. *The X-Files* im ganzen betrachtet hat sich dabei
dem Traumatischen als *L'art pour l'art* verschrieben und durchmischt

---

1 Lorenz: „Der Holocaust als Zitat", S. 271.
2 Vgl.: Manuel Köppen, Klaus R. Scherpe: „Zur Einführung: Der Streit um die
   Darstellbarkeit des Holocaust", in: dies. (Hg.): *Bilder des Holocaust: Literatur –
   Film – Bildende Kunst*, Böhlau, Köln, Weimar, Wien 1997, S. 4.

das familiäre Trauma des Verlusts der Schwester des Protagonisten, die Entführung und Krebserkrankung der Protagonistin und
historisch traumatische Ereignisse (im besonderen den Holocaust)
mit Verschwörungsphantasien, Urban Legends und Phantastik zu
einem wirrem, popkulturellen Eklektizismus.[3] In der Doppelfolge
der dritten Staffel, deren Episoden den Titel *Nisei* und 731 tragen,
wird dabei, eingebettet in diesen Verschwörungsplot, die Figur eines
japanischem Arztes und Kriegsverbrechers aus der tatsächlich während des Zweiten Weltkriegs in der Mandschurei agierenden Unit
731 in die Handlung eingeflochten. Die grausamen Experimente der
Unit 731 werden in den Horror-Imaginationen von *The X-Files* auf
US-Amerikanischem Boden fortgesetzt, während die Ikonographie
jenes Experimentierlagers, dessen Häftlinge zu Beginn der Episode erschossen und in ein Massengrab verbracht werden, die schonungslos abgefilmten Stapel der Leichen, die verrenkt, übereinan-
dergeschichtet liegen, ihr Vorbild in den Fotografien suchen, die von
den befreiten Vernichtungslagern Deutschlands überliefert sind.[4]

Die Produzenten, Drehbuchschreiber und Set-Designer von *X-
Files* folgen einer Logik, die seit den 90er Jahren als Trend zu bezeichnen ist: Um eine ernste Drohkulisse in einem popkulturellen
Kontext aufzubauen, zitiert man narrative Versatzstücke und Bilder
der Shoah herbei.[5]

Auch der beliebte Zauberlehrling Harry Potter muss sich letztendlich zuerst im Buch, nun auch im Kino mit der Fantasy-Variante
von Neofaschisten herumschlagen, denn nichts anderes sind jener
Antagonist Lord Voldemort und sein Gefolge. Es ist nebenbei be-

---

[3] Für eine weiterführende Analyse zur Wiederkehr der Holocaust-Motive in *The
     X-Files* vgl.: Ilsa J. Brink: „The Trauma Is Out There: Historical Disjunctions and
     the Posttraumatic Narrative as Process in *The X-Files*", in: Christopher Sharrett
     (Hg.): *Mythologies of Violence in Postmodern Media*, Wayne State University Press,
     Detroit 1999, S. 322 ff. *X-Files* dient bezeichnenderweise gar dem Lexikon *Ästhe-
     tische Grundbegriffe* von Metzler als paradigmatisches Beispiel für den postmo-
     dernen, degenerativen Umgang mit dem Phantastischen. Vgl.: Hans Krah, Ma-
     rianne Wünsche: „Phantastisch/Phantastik", in: *Ästhetische Grundbegriffe*, Bd. 4,
     S 798.
[4] Vgl.: Abb. 17.
[5] Vgl.: Lorenz: „Der Holocaust als Zitat", S. 271 ff.

merkt bezeichnend, dass man Ralph Fiennes, dessen Figur Amon Göth ja – wie bereits dargelegt – vom AFI auf Platz eins der 100 besten Hollywood-Schurken gewählt wurde, für diese Rolle engagiert hat. Man mag sich fragen, ob seine Züge hinter der nasenlosen Maske Voldemorts, wie andernorts die von Karloff oder Cushing, die Assoziationen zu seiner Rolle als Holocaust-Täter mitschwingen lassen sollen.

Abb. 17: X –Files, 3. Staffel, 9. Episode: Nisei

Dunkle Magier im Universum von *Harry Potter* zeichnen sich dadurch aus, dass sie nur reinblütige Zauberer akzeptieren. Kinder von Nicht-Zauberern, die magische Kräfte haben, werden als „Schlammblüter" (*mudblood*) diskriminiert. Im siebten Teil der Harry-Potter Kinoreihe – *Harry Potter and the Deathly Hallows Part I* – wird der Protagonistin Hermine Granger dieses Wort von einer Anhängerin Voldemorts korrespondierend zu den Nummern von KZ-Häftlingen während einer Folterung auf den Unterarm geritzt.

Zudem wird gezeigt, wie die Regierung der Zaubererwelt Har-

ry Potters von den Anhängern Voldemorts gestürzt und die Regierung – das Ministerium für Zauberei – von „Faschisten" unterwan-
dert wird. Die Ordnungskräfte des dunklen Zauberers im Ministerium treten dabei unzweideutig in an SA-Uniformen angelehnten
Kostümen mit Armbinden auf.

Und auch der paradigmatische Psychothriller der 90er Jahre, *Silence of the Lambs*, sucht den Ursprung alles Bösen seines Univer-
sums, wenn man nur genau hinsieht, letztlich im traumatischen
Schrecken der Geschichte:

Eine feste Konvention der zahlreichen Variationen des
Serienkiller-Genres[6] ist es, wenn der Film dem Zuschauer den
(un-)heimlichen Blick in das häusliche Umfeld des Mörders ge-
währt. Die Kamera schweift in diesen Sequenzen über ein Kabinett
des Grotesken und Makabren, das beim einmaligen Sehen des
Films das Auge überfordert, da so viele bizarre Blickfänge und
Aktionsherde präsentiert werden. Sie können dabei unmöglich
alle sowohl in ihrer bloßen Leinwandpräsenz als auch in ihrer
Verweisfunktion als geronnener Ausdruck der abnormen Psyche
des Täters erfasst werden. Fast obligatorisch sammelt der Killer
Zeitungsartikel, meist auf sein eigenes Leben bezogen. An den
Wänden, arrangiert zu schizophrenen Altären, hängen Fotos und
andere Fetische von den Opfern. Tote Tiere und allerhand Varia-
tionen von Operationsbesteck gehören ebenso zum Inventar wie
hier und da ein verstorbener Familienangehöriger. Der Keller des
Hauses von „Jame Gumb" alias „Buffalo Bill" – einer der beiden
Psychopathen des Films *Silence of the Lambs* – ist bestes Beispiel für
eine derartige Collage des Horrors:

Unstet fährt die Kamera über Insektenmotive, Hautteile, Schnei-
derutensilien und Accessoires seiner Gender-Confusion. Gumb ver-

---

6   Der Serienkiller-Film ist ein Subgenre des Thrillers, das sich mit den Verbrechen
     eines Serienmörders entweder aus seiner Sicht oder aus der Sicht der gegen ihn
     ermittelnden Protagonisten entfaltet. Eine oft eingesetzte Konvention besteht
     aus dem „Eindenken" in die gestörte Psyche, dem psychologischen Nachvoll-
     zug der Devianz, um das Mordmuster zu erklären. Für eine ausführliche Be-
     schreibung siehe Thomas Koebner (Hg.): *Reclam Sachlexikon des Films*, Phillip
     Reclam jun., Stuttgart 2002, S. 549.

dinglicht Menschen wie ein morbides Zitat der Gräuel, die die Alliierten dem Kommandanten und dem Wachpersonal von Buchenwald zur Last legten – das Entfernen und Gerben tätowierter Haut. Im Gedächtnis (wenn auch nur Sekundenbruchteile im Bild) jedoch bleiben darüber hinaus zwei Dinge: Das eine ist ein Poster, das Gumb offenbar mit amerikanischen Neonazis assoziieren soll („America Reconsider!" steht auf dem Plakat, in der Mitte ein graphisch stilisierter Kopf mit einem Balken vor den Augen, in der oberen rechten Ecke ein Hakenkreuz). Das andere Detail fällt ins Auge, nachdem die Geisel des Serienmörders dessen lächerliches Hündchen in ihr Erdloch lockt, um ein Faustpfand für Verhandlungen zu haben, und Gumb panisch nach seiner Schusswaffe sucht. Er schläft offenbar mit einer Handfeuerwaffe unter dem Kopfkissen, was in Kombination mit dem Plakat im Übrigen mehr an einen rechten, politischen Terroristen als an den klassischen Film-Serienkiller erinnert. Als nun der Mörder, dessen Taten eine grausige Reminiszenz an Buchenwald darstellen, seine Überdecke zurückschlägt, erkennt man deutlich zwei Hakenkreuze darauf.

Der Mann, der der Protagonistin dieses Films hilft, diesen Wahnsinnigen zu fassen, ist selbst ein kannibalistischer Psychopath, der den Zivilisationsbruch inkorporiert. Ein kultivierter Intellektueller, der in den Folgefilmen der inzwischen auf vier Teile angewachsenen *Silence of the Lambs*-Reihe auch schon mal Menschen tötet und verspeist, weil sie seiner Ansicht nach mit ihrem Dilettantismus die Harmonie des Gesamtspiels eines Orchesters stören. Hannibal Lecter, so erfahren wir es aus dem Roman *Hannibal* von Thomas Harris oder aus dem vierten Teil der Filmreihe, *Hannibal Rising*, ist nicht etwa genetisch psychopathisch veranlagt. Der Ursprung alles Bösen sind auch hier die Nazis, deren Soldaten 1944 auf dem Rückzug von der Ostfront halbverhungert das Haus seiner Eltern in Litauen überfielen und seine Schwester schlachteten und aßen.

Auch die als ein geschlossenes diegetisches Universum entworfene *Star Trek*-Metaerzählung greift in diversen Episoden ihrer verschiedenen, sich fast über ein halbes Jahrhundert erstreckenden Serien und Kinofilme auf den Appeal des Nazis als Antagonisten sowohl im historischen als auch im Science-Fiction-Gewand zurück.

Der Holocaust schwingt dabei stets mehr oder weniger stark akzentuiert mit. Will etwa ein feindliches, außerirdisches Volk im *Star Trek*-Universum, in dem Zeitreisen und das Eingreifen in die Vergangenheit zur Veränderung der Zukunft möglich sind, die Menschheit als ganzes vernichten, beliefert es in der Vergangenheit die Nazis mit Wunderwaffen, um den Verlauf der Geschichte zu ändern. Ihre Agenten werden dabei, für den Schauwert eines Monsters in SS-Uniform, in den historischen, schwarzen Waffenrock gesteckt.[7]

Abb. 18: Star Trek: Voyager, 4. Staffel, Episode 19 und 20: The Killing Game I-II

Dieselbe Konstellation wird an anderer Stelle des *Star Trek*-Universums[8] erneut aufgegriffen: Das ebenso feindlich gesinnte Volk der *Hirogen* kleidet sich in der Episode *The Killing Game* in die

---

[7] *Star Trek: Enterprise*, 4. Staffel, Episode 1 und 2: *Stormfont I-II*, USA 2004, Rick Berman, Brannon Braga.

[8] *Star Trek: Voyager*, 4. Staffel, Episode 19 und 20: *The Killing Game I-II*, USA 1998, Rick Berman, Michael Piller, Jeri Taylor.

historischen SS-Uniformen, um mit den *Star Trek*-Helden des Raum-schiffs Voyager Gladiatorenspiele zu veranstalten.[9]

Eine wieder andere Episode der *Star Trek*-Metaerzählung berich-tet von einer Planetenkolonie, die von einem den Weltraum berei-senden Historiker und Faschismus-Enthusiasten aufgebaut wurde. Die Bewohner des Nachbarplaneten, der bezeichnenderweise aus-gerechnet Zeon heißt, werden als Konsequenz zu den verfolgten Ju-den dieser dystopischen Gesellschaft, die in Symbolen, Uniformen und Organisationen Nazi-Deutschland imitiert. Für das besondere Vergnügen des Zuschauers an einer Travestie des Bösen werden sich auch die Helden der Serie, Captain Kirk, Mr. Spock und Dr. McCoy, SS-Uniformen überstreifen, um verdeckt auf dem Planeten zu agie-ren.[10] (Einen ähnlichen Einsatz als reiner, irritierender Schauwert erhielt die Kostümierung dabei im Übrigen in der US-Vampirserie *True Blood*, in der in einer kurzen Rückblende die beliebten Neben-figuren Erik Northman und Godrik als Vampire in SS-Uniform auf-treten, die eine Werwölfin verhören und dabei eine „Operation Wer-wolf" der Nazis andeuten.[11])

Nicht zuletzt beschäftigt sich die ebenfalls im *Star Trek*-Univer-sum angesiedelte Serie *Deep Space Nine* in zahlreichen Episoden mit dem *Bajoran Holocaust*. Das Setting dieser Serie weist Parallelen zu einem Nachkriegsszenario aus amerikanischer Perspektive auf. Die Mission der Förderationscrew, den Protagonisten der Erzählung, ist nicht, wie in allen anderen Ausformungen der Serien, die Erkun-dung der Tiefen des Alls, sondern die Friedenssicherung auf einer statischen Raumstation im Orbit nach Jahrzehnten der Besatzung und des Kriegs zwischen dem Volk der Cardassianer und der Ba-joraner. Die Gesellschaft der Cardassianer, ein Volk mit reptilarti-gen Zügen in schwarz glänzenden Uniformen, wird als Diktatur mit zahlreichen Analogien zu Nazi-Deutschland gezeichnet:[12] „Na-tionalismus", „Rassismus", cardassianischer Stolz auf die kulturel-

---

[9] Vgl.: Abb. 18.

[10] *Star Trek: The Original Series*, 2. Staffel, Episode 23: *Patterns of Force*, USA 1968, Gene Roddenberry.

[11] *True Blood*, 3. Staffel, Episode 2: *Beautifully Broken*, USA, 2010, Alan Ball.

[12] Vgl.: Loewy: „Zwischen *Judgement* und *Twilight*.", S. 161.

len Errungenschaften ihres Planeten bei gleichzeitiger Abwertung anderer Kulturen, Militarismus, Schauprozesse, Folterverhöre, Propaganda und eben auch die Unterdrückung, Versklavung und Vernichtung von 10 Millionen des durch starke Religiosität charakterisierten Volks der Bajoraner. Arbeits- und Vernichtungslager der Cardassianer haben dabei Namen wie *Terok Nor* oder *Gallitep*, lautmalerische Annäherungen an die für amerikanische Ohren so unheimlich und befremdlich klingenden Klick- und Zischlaute Treblinka, Dachau und Auschwitz. Die Schilderungen aus diesen Palimpsesten der deutschen KZs sind bei genauerer Betrachtung beunruhigend drastisch für eine Nachmittagsfamilienserie: In der Episode *Duet*[13] wird der vermeintliche Kommandant eines der cardassianischen Vernichtungslager auf der Raumstation erkannt und inhaftiert. In einem Gespräch mit einer dem Volk der Bajoraner zugehörigen Protagonistin der Serie berichtet er aus den Lagern: Exekutionen waren an der Tagesordnung ebenso wie Folter und Erniedrigungen, Mütter wurden vor ihren Kindern vergewaltigt, ihre Ehemänner bis zur Unkenntlichkeit zusammengeschlagen. Die Alten, die zu krank und schwach zum Arbeiten waren, wurden lebendig in Massengräbern verscharrt. Ein weiterer jener „Zeitzeugenberichte" also, wie er eingangs aus dem *Terminator* entnommen wurde, diesmal aus der Sicht eines vermeintlichen Täters.[14]

Die ausgeprägte Fankultur der *Star Trek*-Serien hat dem *Bajoran Holocaust* auf *youtube* ein Denkmal gesetzt.[15] Ein „Gedächtnisvideo" schneidet alle Sequenzen aller *Star Trek*-Serien zusammen, in denen Szenen des *Bajoran Holocaust* in Rückblenden zu sehen waren oder von ihm die Rede ist. Unterlegt ist das Video mit der Musik von *Schindler's List*. Die durchaus nicht ironisch zu lesenden Kommentare der User dazu: „I cried, when I saw this … ", „… so sad … ", „history repeating itself. ".

---

13 *Star Trek: Deep Space Nine*, 1. Staffel, Episode 19, USA 1992, Rick Berman, Michael Piller.

14 Die Narration baut allerdings einen Storytwist ein. Es handelt sich nicht um den Kommandanten, sondern um einen Cardassianer, der dessen Identität annimmt, damit sein Volk die Verbrechen anerkennt und aufarbeitet.

15 http://www.youtube.com/watch?v=Ap7v7CNNiLA, 27.10.2009, 15:43 Uhr.

Das Aufreihen des popkulturellen Zitatenspiels der Holocaust-Versatzstücke wäre bei einem Anspruch auf Vollständigkeit noch lange nicht abgeschlossen. Zu nennen wären weiter das diegetische Universum von *X-Men*, dessen gesellschaftliche Konflikte ebenfalls den Ursprung im Dritten Reich suchen und auf das bei der kurzen, analytischen Darlegung der Figur Magneto bereits eingegangen wurde. Hanno Loewy hat dies an anderer Stelle[16] bereits so ausführlich besprochen, dass jegliche Analyse nur repetitiv wäre. Auch das Setting der Mystery-Serie *Millennium*, deren Serienheld Frank Black ein FBI-Profiler ist, der versucht, das theologische Urböse aufzuhalten, das sich in Serienmorden manifestiert, um so zum Jahrtausendwechsel das Ende der Welt herbeizuführen, sucht einen okkulten Ursprung des Bösen bei den Nazis.[17] Die Liste ist erschöpfend lang und ließe sich mit denjenigen Produktionen, die bei der umfangreichen Recherche beiseite gelassen wurden, noch um einiges erweitern. Die „Nazi-Episode" mit „Holocaust-Inserts" scheint beizeiten zumindest in Mystery-, Horror- und Science-Fiction-Serien zu solch einem wiederkehrenden Muster zu werden, wie es die Halloween- oder Weihnachtsepisoden in Comedy-Serien sind.

Um einen Überblick über die Verbreitung des untersuchten Gegenstands zu geben, haben sich die Analysen der letzten Kapitel kursorisch von einem Filmplot zum nächsten bewegt und schlaglichtartig einzelne Figuren, Fernseh- oder Filmbilder herausgelöst. Zum Abschluss soll nun das Augenmerk auf eine Produktion gelenkt werden, die meiner Ansicht nach paradigmatisch für das Herbeizitieren jener bisher untersuchten Versatzstücke ist, die den Umgang mit der Shoah im populären Kino markieren.

Eli Roth' *Hostel* hat bei einer zum Teil angewiderten Presse den Begriff „Torture Porn"[18] für die Neo-Splatter-Welle geprägt, die das

---

[16] Hanno Loewy: „Der Überlebende als böser Held. X-Men, Comic-Culture und Auschwitz-Fantasy".

[17] In der Verschwörungsphantasie der Episoden spielt die Organisation ehemaliger SS-Angehöriger „Odessa" eine zentrale Rolle, deren reale Existenz als gut organisierter Dachverband der Fluchthilfe für Kriegsverbrecher ein geschichtlicher Mythos ist. *Millennium*, 2. Staffel, Episoden 15, *Owls* und 16, *Roosters*, USA 1998, Chris Carter.

[18] Der Begriff wurde auch auf die *Saw*-Reihe, *Passion of Christ* und andere Pro-

Horrorkino etwa seit 2003 dominiert hat. Diese abschließende Analyse soll zeigen, inwieweit *Hostel* sich der Praxis bedient, die Matthias N. Lorenz als „sinnentleertes Zitieren"[19] der Shoah bezeichnet. *Hostel* – so die These – verhält sich dabei als Vexierbild zu „seriösen" Produktionen, die sich der Bildsprache des Horrorfilms bedienen, um ein Shoah-Narrativ zu inszenieren: Eli Roth' Film „kennt" die narrativen Versatzstücke, die Figuren und die sich herausgebildete Ikonographie des Holocaust-Films und integriert sie, wie es am Beginn dieser Untersuchung für zwei Filme der *Terminator*-Reihe dargelegt wurde, in einen Splatterfilm, der in seiner Handlung explizit keinen Konnex zur Shoah aufzeigt.

7.2. Eine grausame Kippfigur: Versatzstücke der Shoah in Eli Roth' Hostel

Eli Roth' *Hostel* ist wohl eine der unangenehmsten Filmerfahrungen, die ein Zuschauer im Jahr 2005 im Kino machen konnte. Der Selbstanspruch des Films wurde schon in seiner Bewerbung als Grenzüberschreitung all dessen, was das Horrorkino bisher gezeigt hatte, zum Ausdruck gebracht. Diese Selbstbeweihräucherung ist durchaus zu bezweifeln: *Hostel* hat seine narrativen und ästhetischen Vorbilder im italienischen, amerikanischen und asiatischen Underground- und Splatterfilm. Dennoch erregte er in seiner Zeit einige Aufmerksamkeit, weil er, was ehemals Underground war, zum Horror-Mainstream erhob[20] und dem Genrekenner in den

---

duktionen des von der Presse sogenannten „Splat-Packs", einer Gruppe von Regisseuren harter Horrorfilme mit Nähe zum Gewalt-Auteur Quentin Tarantino angewandt. Zum Begriff „Torture Porn", wie er in der Presse verwendet wird, vgl.: Kira Cochrane: „For Your Entertainement", *The Guardian*, 01.05.2007, S. 4 ff.

[19] Lorenz: „Der Holocaust als Zitat", S. 271.

[20] Der Film hatte mit 19,5 Millionen US-Dollar den erfolgreichsten Filmstart in der Woche seiner Premiere und damit bereits das Vierfache seiner Kosten eingespielt. Weltweit spielte er 80 Millionen US-Dollar ein, wobei die für das Horrorgenre extrem profitable DVD-Verwertung unberücksichtigt ist. Der Film ist somit kein Kultfilm oder Geheimtipp harter Horrorfans sondern ein Box-Office-Hit, ein Blockbuster und Mainstream der ästhetischen Entwicklung des Horrorgenres in den 2000ern.

Gewaltexzessen des Films den psychologischen Puffer der Trash-Ikonographie nahm. Das heißt nicht, dass *Hostel* ein Horrorfilm mit Ambitionen zum Kunstkino wäre. Seine erste Hälfte erscheint als Softsex-Filmchen, seine zweite als schwer erträgliche Folterpornographie, dazwischen stolpern unelegant bis langweilig entworfene Charaktere, verkörpert von durchschnittlichen Schauspielern. Jedoch die unfreiwillige Komik des Trash, die schlechten Effekte, das viel zu helle und grotesk-exzessiv strömende Blut, das kaputte Filmmaterial, der fehlerhafte Schnitt, die wirklich dümmlichen Dialoge und lächerlichen Schauspieler und Charaktere – all jene ästhetischen Teileelemente, die Exploitation zu einer Art Stil machen[21] – fehlen dem Film wiederum. *Hostel* scheint sich an einigen Stellen unangenehm ernst zu nehmen und stellt nicht zuletzt an die gezeigten Verletzungen und Opferdarstellungen durchaus einen Anspruch des Authentiéeindrucks. Die Kritik entwarf einen Namen für diese neue, drastische Welle der exzessiven Gewalt- und Folterdarstellung in Mainstream-Produkten: „Torture-Porn".

Der Plot von *Hostel* soll zunächst knapp zusammengefasst werden: Zwei amerikanische College-Freunde, Josh und Paxton, sowie ihre Reisebekanntschaft, der Isländer Oli, bereisen Europa auf einer Rucksacktour. In einer Szene im Rotlichtmilieu in Amsterdam wird dabei verdeutlicht, dass sie durchaus auf der Suche nach sexuellen Abenteuern sind, die Welt sexueller Ausschweifungen für sie jedoch gleichzeitig etwas Unheimliches und Überforderndes hat. Ein Zimmergenosse aus der Jugendherberge in Amsterdam gibt ihnen einen Geheimtipp: Ein Hostel in der Slowakei sei Treffpunkt für reisende Jugendliche aus der ganzen Welt, an diesem Ort herrsche ungezwungene Promiskuität. Die drei Freunde reisen diesem Versprechen nach und scheinen tatsächlich den Ort ihrer spätpubertären Phantasieerfüllung gefunden zu haben. Jedoch erweist sich der Ort als „Honeytrap": die Betreiber des Hostels, die Stadtbewohner und die Mädchen dort sind Teil eines kriminellen Verschwörer-Rings, der ahnungslose Jugendliche an gut zahlende Sadisten ver-

---

[21] Stiglegger: *Sadiconazista – Faschismus und Sexualität im Film*, S. 10.

kauft, die ihre Opfer im Keller eines abgelegenen Fabrikgeländes zu Tode foltern.

Soweit wird sicher deutlich, dass *Hostel* Aspekte des amerikanischen Teenie-Slashergenres[22] beinhaltet – wie etwa die Regelkonvention, dass die Welt der Sexualität gefährlich ist und die liminale Phase der Adoleszenz als Initiation durch den Horror dargestellt wird, den manche nicht überleben.[23] Hinzu kommt eine Verneigung vor „Autoren" des harten Underground-Horrorfilms, die mit Zitaten oder gar im Falle Takeshi Miikes in *Hostel* oder Ruggerto Daggero im obligatorischen Nachfolgefilm *Hostel 2* (beides mal als Folterer) mit Cameos[24] gewürdigt werden. Neben dem Slasher knüpft der Film, zwar nicht stilistisch, dennoch aber inhaltlich, an die Tradition jener Produktionen des Exploitation- und Trash-Kinos der 70er Jahre an, die ihre Erzählungen zur Schaulust des zumeist männlichen Publikums in Zwangs- und Unterdrückungssituationen, wie (Frauen-)Gefängnissen, politischen Terrorregimen, Sekten oder dem Straßenstrich entfalten. Allerdings unterscheidet *Hostel* sich auch hier in einem signifikanten Kriterium. In den Folterszenen werden zumeist die männlichen Opfer von der Kamera privilegiert, die zudem von Männern gefoltert werden.

Wo nun liegt das Interesse dieser Analyse für Eli Roth' Film, der seine Diegese doch in der Gegenwart entfaltet? Zunächst soll der

---

22 Der Slasher ist ein Subkategorie-Hybrid des amerikanischen Horror- und Thrillergenres. Als Wurzel gilt hier Alfred Hitchcocks *Psycho* und als Prototyp John Carpenters *Halloween*. Die Handlung basiert zumeist auf einer Gruppe junger Protagonisten, die nacheinander von einem psychopatischen Killer gejagt und ermordet werden.

23 Vgl. etwa Carol J. Clovers psychoanalytische Lesart des Slasher-Genres. Clover: S. 51 ff.

24 Diese Praxis eines oft selbstreferentiellen Gastauftritts eines Regisseurs oder Schauspielers in US-amerikanischen Filmen und Serien ist weitverbreitet. Dem Cameo kann dabei eine besondere, über die Filmnarration hinausgehende Bedeutung zugeschrieben werden, von der egozentrischen Einschreibung des Autors in sein eigenes Werk, über eine einfach wohlwollende Haltung der berühmten Persönlichkeit gegenüber dem Film bis hin zu einer intertextuellen Verflechtung von einem Werk zum anderen. Für eine ausführliche Beschreibung siehe Thomas Koebner (Hg.): *Reclam Sachlexikon des Films*, Phillip Reclam jun., Stuttgart 2002, S. 91.

Filmjournalist und Literaturwissenschaftler Magnus Klaue in seiner Analyse des „Terror-Films" der 2000er in der *Konkret* von Dezember 2008 zu Wort kommen:

„Die perfideste Pointe ist dem Outback-Thriller neuerdings in dem kaum zufällig von Quentin Tarantino präsentierten *Hostel* (2005) angehängt worden. In der im ersten Teil softpornografischen, im zweiten besinnungslos brutalen Geschichte verschlägt es drei Amerikaner auf der Suche nach Sex in die Slowakei, wo ein obskurer Kidnapper-Ring sie betuchten Sadisten als Folter- und Mißbrauchsobjekte ausliefert. Obwohl die Folterer als „Deutsche" vom Typus Mengele und als SS-Männer in schwarzen Uniformen gezeichnet sind (die Körper der Geschändeten werden in einem Ofen mit hohem Schornstein verbrannt!), ist der Film seiner Struktur nach antisemitisch – und seinem Produktionsort zum Trotz genuin europäisch: Die Sextouristen verkörpern das Wunsch- und Angstbild „amerikanischer" Oberflächlichkeit und ungehemmter Zirkulation, das nun nicht mehr mit einer brutalen Sippenwirtschaft, sondern mit einer sich in namenlosen Agenten personifizierenden Gegenmacht konfrontiert wird, mit professionellen Schändern, die Kontakte zu höchsten gesellschaftlichen Kreisen pflegen und jeden vernichten, der sich von ihnen becircen läßt. Erschien die Verteidigung von Bodenständigkeit und Provinz in den älteren Filmen des Genres als Gefahrenquelle, warnen dessen aktuelle Vertreter vor den identitätsvernichtenden Folgen des Sich-Einlassens auf das Fremde".[25]

Klaue liest die phantasmatische Struktur der amerikanischen Wunsch- und Angstvorstellungen von *Hostel* gegen die klassische des *Texas Chainsaw Massacre*, und sieht auch hier, wie bei Halberstam bereits dargelegt, den Kern des Genres in dem, was der Film auf welche Weise als das „Selbst" und das „Andere" definiert. Weiterhin erkennt er als mit Vorwissen ausgestatteter Zuschauer die Versatzstücke der Holocaust-Ikonographie des Films, die im Folgenden weiter analysiert werden soll.[26] Es wird dabei notwendig sein, sich

---

25 Magnus Klaue: „Sprich nicht mit dem Fremden", *Konkret*, Heft 12, 2008, S. 58.
26 Nichts läge mir im Übrigen ferner, als zum Apologeten dieses überaus rohen und verstörenden Films zu werden, jedoch muss ich mich in einem Punkt von Magnus Klaues Analyse distanzieren. *Hostel* mag ein brutales Machwerk mit Spitzen gegen Europa in seiner Haltung gegenüber Amerikanern seit dem Irakkrieg sein und auch Rassismus in Bezug auf die Osteuropadarstellung beinhalten, dem Vorwurf der antisemitischen Strukturen jedoch würde ich mich

so sprunghaft durch die Erzählung zu bewegen, wie eben die Assoziationen der Shoah in diesem Film auftauchen und wieder verschwinden:

Die Diegese von *Hostel* entfaltet sich in einem Sekundenbruch-
teil Dunkelheit, der Ton ist eher präsent als das Bild: Man hört das
Quietschen eines Ventils, das geöffnet wird, während im Schwarz-
bild in weißen Lettern der Schriftzug „Quentin Tarantino presents"
erscheint. Ohne Verortung im Filmbild beginnt jemand, vor sich hin
zu pfeifen, man assoziiert dies mit derselben Person, die das Ven-
til aufgeschraubt hat: Im Off arbeitet anscheinend jemand fröhlich
vor sich hin. Der Raum, der zunächst allein durch den Ton erzeugt
wird, produziert Hall. Die Credits laufen weiter, während das erste

---

nicht uneingeschränkt anschließen. Der *Conspiracy-Plot* eines Films wird hier
per se antisemitisch gelesen. Natürlich stellt jene Komponente des Antisemitismus, die eine Verschwörung eines „Weltfinanzjudentums" imaginiert, einen
Conspiracy-Plot dar, und der Vorwurf an *Hostel* verdichtet sich dadurch, dass
hier eine Verschwörung von Verkörperungen der Kapitalbesitzenden dargestellt wird. Dass *Hostel* an dieser Stelle aber eine Projektionsfläche für Interpre-
tationen darstellt, zeigt sich schon darin, dass dieselbe Konstellation durch den
Filmwissenschaftler und Kritiker Lukas Förster als Kapitalismuskritik und Parabel über Ausbeutung gelesen wird (vgl.: http://www.critic.de/filme/detail/
film/hostel-472.html, 20.11.2009, 11:30 Uhr). Für eine „unschuldigere" Lesart
der Funktion des *Conspiracy-Plots* sei weiterhin auf Frederic Jamesons „Totality
as Conspiracy" verwiesen (in: ders.: *The Geopolitical Aesthetic*, Indiana University Press, Bloomington, Indianapolis 1992.). Ich meinerseits neige dazu, dieser Projektionsfläche eine dritte, autorfixierte Lesart aufzuzwingen, die sich mit
dem Antisemitismusvorwurf beißt: Der Regisseur, Drehbuchschreiber und Produzent – also kurz – Auteur des Films Eli Roth, selbst amerikanischer Jude
dritter Generation nach dem Holocaust, spielt an anderer Stelle eher unbedarft
mit jüdischer Identität und humoresken Rachephantasien. So stellt er, wie im
Kapitel zu den Rachephantasmen dargelegt, in Quentin Tarantinos, *Inglourious
Basterds* einen jüdisch-amerikanischen GI-Nazijäger dar, der, bei den Nazis als
rächender, jüdischer „Golem" gefürchtet, Verantwortliche des Holocaust skal-
piert. In einem Interview äußerte Roth sich zu den Handlungen seiner Rolle
als „kosher porn" (James: S. 18.). Vor diesem Hintergrund erscheint der Horror
von *Hostel* viel eher als phantasmatische Wiederkehr der Gräuel-Schilderungen
des Holocaust, der die Phantasietätigkeit eines jüdischen Amerikaners dritter
Generation bewegt, der ihn aus Bildern, Erzählungen und seinerseits popkulturellen Versatzstücken vermittelt bekam: ein posttraumatischer Alptraum, der
Filme wie *Schindler's List* verarbeitet.

Filmbild sichtbar wird: rostige Rohre im Vordergrund, Wasser tropft
an ihnen herab, im Hintergrund ist sehr unscharf eine Gestalt auszumachen, die sich hin- und herbewegt. Die Figur pfeift weiterhin,
während man Geräusche wahrnimmt, die darauf hindeuten, dass jemand den Boden schrubbt. Der erste Schnitt erfolgt: Die Einstellung
zeigt im rechten unteren Bildrand in Nahaufnahme eine Bohrma-
schine, die auf dem Boden liegt, im Vordergrund verlaufen weiße
vertikale Linien, die keinem konkreten Gegenstand zuzuschreiben
sind. Die Gestalt im Hintergrund pfeift stetig vor sich hin, während
sie weiter den Boden säubert. Ein neuer Schnitt erfolgt: An weißen
Kacheln läuft leicht bräunlich gefärbter Schaum herab, dann schließt
eine Einstellung auf den Fußboden in Nahaufnahme an: Ein Rohr
verläuft schräg durch die Bildfläche, darunter ist der Fußboden mit
rotbraunem Matsch bedeckt in den Wasser hineintropft. Die Assoziation zu Blut ist aufgrund des Genrevorwissens und der Farbe bereits hergestellt, noch verbleibt diese Flüssigkeit jedoch in der Un-
eindeutigkeit des Ekels.

Diese ersten Bilder des Films sind, obwohl sie einem Sterben-
den zugeschrieben werden könnten, der, in der Ecke liegend, einen
letzten nicht mehr zu verarbeitenden Sinneseindruck erhält, keinem
Blick zuzuweisen. Sie wirken zugleich fragmentiert und dissoziativ,
das Gegenteil eines Establishing-Shots, ein „Desorientation-Shot".
Die Einstellungen sind zu nah und unscharf, um ein Verständnis des
Raums oder der unscharfen Dinge direkt vor der Kamera zu vermitteln. Die Perspektiven sind bizarr, und eine Figur ist anwesend, die
nicht vom Cadre privilegiert wird.

Wer mit einem die Geschichte von Bildern reflektierenden Auge und Bildgedächtnis ausgestattet ist, denkt unweigerlich an jene
Fotografien Cindy Shermans, in denen sie sich vom anthropomor-
phen Modell löst und photographische Flächen des Ekels erprobt –
sie hatte, nebenbei beimerkt, eine Passion für den postklassischen
amerikanischen Horror, an dem sie sich selbst in ihrer einzigen Re-
giearbeit, *Office Killer*, versucht hat.

Es erfolgt ein Closeup auf den unteren Teil eines Glasbehälters,
die akusmatische „Banalität des Bösen" pfeift im Off weiter fröhlich
vor sich hin, während im Behälter eine Operationsschere versenkt

wird, von der sich, dem Anschein nach in alkoholischer Flüssigkeit, Blut löst. Die nächste Einstellung zeigt den Closeup auf einen im Boden eingelassenen Abfluss, in dem Ströme dicker, roter Flüssigkeit und einige Zähne versinken, kein Zweifel, dass es sich um Blut handelt. Die Szene erinnert an eine radikale Überbietung der Einstellung des Abflusses in Nahaufnahme, die auf den zur Ikone des Thrillers avancierten Duschenmord in Hitchcocks *Psycho* folgt.

Das letzte Bild, das dieser Eingangssequenz zuzurechnen ist, gewährt nun endlich ein wenig Übersicht und zeigt einen verdreckten Metallstuhl in einem unterbeleuchteten schmutzigen Kellerraum, in dessen Halbdunkel das Filmbild von Schwarz, Grau, Grün und Braunrot dominiert wird, Farben, die Assoziationen mit Blut und feuchtem Schimmel wecken. Die vereinzelte Position des Stuhls in der Mitte eines leeren Raumes erinnert an das Arrangement US-Amerikanischer *electrocutions* – allerdings in einer verdreckten Variante. Der amerikanische Holocaustleugner und Experte für Exekutionen Fred Leuchter beschreibt in Errol Morris Dokumentarfilm *Mr. Death – The Rise and Fall of Fred A. Leuchter, Jr.*, dass seinem „verbesserten" elektrischen Stuhl Löcher in der Sitzfläche hinzugefügt wurden, um das bei der Exekution auftretende unfreiwillige Erschlaffen aller Muskeln des Delinquenten für die Wachen, die den Raum hinterher säubern, so wenig unangenehm wie möglich zu machen. Der Stuhl, den wir betrachten, weist ebendiese Löcher in der Sitzfläche auf – ein drohendes Vorzeichen der unerträglichen Drastik, die der Film evozieren möchte. Beim Sterben in diesem Raum wird offenbar nicht nur geschrien und geblutet, es wird auch erbrochen, geweint, uriniert und defäkiert. Diese Körperflüssigkeiten, letzte Zeugnisse dafür, dass hier ein Mensch bestialisch ermordet wurde, wurden von der gut gelaunten akusmatischen Reinigungskraft in der Exposition vom Fußboden gespült. Ihr Pfeifen wird von dem Knarren einer schweren, sich im Off befindlichen Tür übertönt und dem Raum wird das Licht entzogen. Dann erscheint auf schwarzem Grund der Name des Regisseurs.

Selbstredend hat diese Eingangssequenz nichts mit dem Holocaust zu schaffen, es ist das unangenehme „Zeigen der Instrumente" eines zutiefst verstörenden Films vor der eigentlichen Folterdarstellung, auf die er hinaus möchte. Ich kann allerdings – und ich weiß, es ist problematisch, einen solchen Film auf ein derartiges Zeugnis zu beziehen – nicht umhin, an einen Satz aus Georges Didi-Hubermans „Bilder trotz allem" zu denken, der sich mir aufgrund des unvorstellbaren Grauens des Geschilderten ins Gedächtnis gebrannt hat: „Mit einem Wasserstrahl all das Blut, das Augenkammerwasser, die ganze angesammelte Jauche abwaschen."[27] Dies wird in einer ganzen Reihe inhumaner, perverser Arbeitsschritte – vom Entgegennehmen der toten Körper über das Entkleiden, das Herausbrechen der Goldzähne bis zum Verbrennen der Leichen – als Aufgabe der Sonderkommandos in den Krematorien von Auschwitz beschrieben.

Hostel wird in einem erfolgreichen Horror-Feature-Film Arbeitsschritte einer imaginären, leichenproduzierenden Industrie aufgreifen, angefangen mit dem Ausspülen all dessen, was ein Körper unter seinen letzten schrecklichen Qualen von sich gibt. Der Film wird weitere Vorgänge reich bebildern, die konkretere assoziative Brücken zur industriellen Massenvernichtung im Dritten Reich schlagen werden als diese Exposition. All diese Arbeitsschritte, und hier endet das *Terzium Comperationes* der Bildzitate, und die spezielle Diegese von *Hostel* beginnt wieder, werden von der eher in den Stereotypen der Russen-Mafia auftretenden Verbrecherorganisation durchaus gut gelaunt oder aber stoisch durchgeführt, wo die Berichte der Überlebenden der Shoah eben das perfide System der „Sonderkommandos" beschreiben, in denen Opfer in die Arbeitsschritte der Tötungsmaschinerie eingebunden wurden. Dennoch bekommt der Zuschauer in *Hostels* Eingangssequenz ein Versatzstück der Shoah als Geisterbahneffekt serviert: *So musst du es dir vorstellen, der Säuberung eines Raums beizuwohnen, in dem die SS gewütet hat* – im „Idealfall" gefolgt von wohliger Angstlust im Publikum.

Auffällig, jedoch für die Darstellung von Rucksacktouristen natürlich auch plausibel, ist die Wahl des Zuges als Beförderungsmittel nach Osteuropa. Er wird in diesem Film als Transportmittel an den Ort des Todes eingesetzt; hätte man die beiden Amerikaner doch auch viel zeitgenössischer fliegen, einen Mietwagen benutzen lassen

---

27 George Didi-Huberman: S. 17.

oder die Anreise in der Erzählung einfach aussparen können. Stattdessen aber hat *Hostel* ein gewisses Interesse an Bildern von Zügen. Der Film zeigt eine unbehagliche, auf homophobe Ängste zielende Situation in der fahrenden Bahn, in der die beiden Hauptfiguren einem der späteren Peiniger begegnen. In einer wesentlich späteren Szene versuchen zwei Überlebende der Tötungsindustrie von einem anachronistisch wirkenden Bahnsteig aus den Fängen ihrer Häscher zu entfliehen. Hier bringt der Zug ganz direkt den Tod, da eines der Folteropfer aufgrund des Traumas den Lebenswillen verloren hat und sich vor die einfahrende Bahn wirft. Auf einem weitaus moderneren Bahnhof übt der Protagonist Paxton am Ende des Films blutige Rache (das Ius-Talionis-Motiv) an seinem vorherigen Peiniger, während in dem verworfenen Alternativende des Films, das auf der DVD-Edition abrufbar ist, wiederum Paxton die Tochter seines vorherigen Folterers entführt. Der letzte, unheilschwangere Blick auf das Mädchen ist durch das Fenster eines abfahrenden Zugs inszeniert. Der drohende Tod des Kindes, das auf dem Schoß des Folteropfers sitzt, wird dadurch narrativ und symbolisch als Möglichkeit eröffnet.

Erscheinen diese analytischen Verweise vielleicht zunächst wie das Jagen von Gespenstern, so präsentiert der Film nicht zuletzt sein Vorbild des Todeszugs fast unmerklich als eine Medium-in-Medium-Matroschka: Das obligatorische Versatzstück der Holocaust-Ikonographie des Kinos – der Zug der Reichsbahn, dessen Rauch im Holocaust-Film den Regisseuren als bildmetaphorischer Verweis auf Vergasung und Einäscherung der Opfer dient und zugleich auf den industriellen Charakter des Massenmordes verweist[28] – rattert wie beiläufig nach einer halben Stunde *Hostel* und einer ersten blutigen Folterdarstellung im Modus des dokumentarischen Schwarzweiß über einen Fernsehschirm, vor dem sich eine Nebenfigur die Fußnägel schneidet. Dass die Fernsehschirme in *Hostel* mit Bedeutung aufgeladen sind und selbstreflexiv Vorbilder zitieren, ist daran zu erkennen, dass an anderer Stelle Tarantinos *Pulp Fiction* im Hintergrund abgespielt wird.

---

[28] Lorenz: S. 292.

Nach etwa 45 Minuten Spielzeit beginnt der Protagonist Paxton, seine inzwischen der Tötungsindustrie des slowakischen Städtchens zum Opfer gefallenen Freunde zu suchen. Die Einwohner des Dorfes werden, vom Concierge des Hostels über die Polizei bis zum Subproletariat auf der Straße und in der Kneipe, als schweigende Mitwisser in Szene gesetzt, die an Häusern herumlungernd oder vor ihrem Bier sitzend dem verzweifelten Blick Paxtons stoisch aber wissend standhalten. Ein ganzer Gesellschaftsquerschnitt wird als duldende, verdrängende und profitierende Mitwisserschaft inszeniert.

Die Tötungsindustrie, die nicht etwa durch eine spezifische Figur an ihrer Spitze ein Gesicht bekommen soll, sondern als Verschwörung von Mitwissern, Handlangern und Kunden dargestellt wird, hat unterdessen eine Telefonnachricht gefälscht, die Paxton in Sicherheit wiegen soll. Die Abreise seines Freundes Oli mit einer japanischen Reisebekanntschaft wurde als gefälschtes Foto per Handynachricht übersandt. Beim Herumirren in der Stadt fällt Paxton am Horizont ein dampfender Fabrikschlot auf, den er im Hintergrund des digitalen Fotos von Oli und dem Mädchen wiedererkennt. Durch diesen Schornstein, so wird es die Geschichte wollen, sind in Wahrheit die Leichen der beiden Abgebildeten in Rauch aufgegangen. Dies muss der mit einem Vorwissen um den Tod der beiden Figuren ausgestattete Zuschauer zu diesem Zeitpunkt nicht einmal explizit gezeigt bekommen, denn *Hostel* setzt erneut auf die Genrekenntnisse des Holocaustfilms, in dem sich der rauchende Schlot des Krematoriums wie in *Schindler's List* aber auch in *X-Men*[29] oder der *Outer-Limits*-Episode *Tribunal* als Symbol der Massenvernichtung neben der Reichsbahn und Menschen hinter Stacheldraht als eine gebräuchliche Ikonographie herausgebildet hat. Der Schlot, zudem bedacht mit einem bedrohlichen Musikeinsatz, amalgamiert – ohne dass der Film zu diesem Zeitpunkt explizit das Krematorium darstellt – die eigenen Terrorimaginationen eines europäischen Folter-Rings von *Hostel* mit den Traumata-Signifikanten der Shoah im populären Kino.

Ein weiteres narratives Versatzstück des Holocaustfilms ist die

---

[29]　Vgl.: Abb. 13 und Abb. 14.

Einfahrt ins Lager. Sie ist in den so unterschiedlichen Modi von Filmen, die hier besprochen wurden, eine auf die jeweils spezifische Weise inszenierte Konstante. So betont etwa Markus Stiglegger, dass viele der Filme des Sadiconazista-Genres mit der Ankunft eines Häftlingstransports beginnen, die unter gebellten Befehlen in deutscher Sprache (oft mit starkem englischen Akzent) zur Inspektion zusammengetrieben werden und eine demütigende, oft sexualisierte Initiation in das Lagerleben durch den Erzsadisten des Films erfahren.[30] Ein groteskes Beispiel für die Profanisierung einer solchen Lagereinfahrt wäre etwa in *Ilsa – She Wolf of the SS* zu sehen.

Auch *Schindler's List* weist dieses Versatzstück auf, nicht am Anfang, sondern im letzten Drittel des Films, als einer der Züge die „Schindler-Juden" durch einen Irrtum ins Vernichtungslager Auschwitz transportiert. Markus Stiglegger liest die Szene als „expressionistisches Horrorszenarium"[31] und „mythentaugliches Inferno"[32]: „Dämonische Silhouetten der Soldaten im gleißenden Gegenlicht, Schnee und Asche durchwirbelt die Luft, und der Dampf der Lokomotive weht in drohenden Schwaden über dem Geschehen."[33] Was Stiglegger als „expressionistisch" beschreibt, ist erneut jene bereits erläuterte „Ästhetik der Dissoziation", die die gesamte Sequenz in Auschwitz begleitet und erst wiederum von der Figur Oskar Schindler gebändigt wird, wenn er, in Auschwitz eingetroffen, Verhandlungen mit Lagerkommandant Höß über das Freikaufen der Häftlinge führt und den Rücktransport organisiert. Spielbergs ästhetischer Ansatz unterscheidet sich grundlegend vom Exploitation-Horror der Sadiconazista, dennoch nutzt auch er die Einfahrt ins Lager als Spannungsmoment des Films, der sich der Sprache des Horrors bedient.

Auch *Hostel* beinhaltet eine profane, zur Kurzformel verdichtete Szene, in der der Protagonist Paxton eine solche Lagereinfahrt erfahren soll:

Eines der Mädchen, die der Zuschauer bereits als „Honeytrap"

---

[30] Stiglegger: *Sadiconazista – Faschismus und Sexualität im Film*, S. 59.
[31] Ebd.
[32] Ebd.: S. 181.
[33] Ebd.

des Hostels erkennt, erklärt sich auf Paxtons Drängen hin bereit, ihm zu zeigen, wo sein Freund Josh sich aufhält. Sie behauptet wenig glaubhaft, er besuche die Werkschau eines einheimischen Künstlers. Die beiden werden von einem zwielichtigen Freund des Mädchens, dessen schwarze Lederjacke ihn als Handlanger des Verschwörerrings kennzeichnet, zu der abgelegenen Fabrik gefahren, in der sich Josh aufhalten soll. In einer verwackelten Subjektive durch die Windschutzscheibe des Wagens nähert sich die Einstellung der Auffahrt zum Fabrikgelände. Ein Pförtner mit schwarzer Lederjacke öffnet eine Schranke und unter bedrohlichem Musikeinsatz fährt die Kamera in einer unsteten Subjektive wie in so vielen hier bereits besprochenen Holocaust-Filmen und -Sequenzen die architektonische Struktur der Fabrik nach oben weg ab und lässt das Symbol der Massenvernichtung als Ikone des Horrors auf den Zuschauer wirken: Der Fabrikschlot thront in Untersicht gegen das Sonnenlicht als Damoklesschwert über dem Protagonisten von *Hostel*, dem diese Subjektive im Gegenschnitt zugerechnet wird.[34] An dieser Stelle offenbart das Filmbild den eigentlichen Gegenspieler des Films – kein Monster, sondern eine Tötungsfabrik.

Paxton wird von dem Mädchen in die Kellergewölbe der Anlage gelockt, wo er von den Handlangern des Verschwörerrings überwältigt wird und in einer hektischen, subjektiven Collage der Grausamkeiten an den offenstehenden Türen verschiedener Folterkabinen vorbeigeschleift wird, in denen brutalste Gewaltakte in solcher Kürze und so schwach beleuchtet aneinander gereiht inszeniert werden, dass sie an der Wahrnehmungsschwelle des Zuschauers liegen, der sich verstört und angewidert fragen muss, was er in den letzten Sekunden gesehen hat (und ob er das wirklich hat sehen wollen).

Paxton wird auf den bereits in der Exposition etablierten und zum Aushängeschild der *Hostel*-Reihe gewordenen Folterstuhl gefesselt, die Tür hinter ihm wird verschlossen und nimmt dem Raum das Licht, dann bleibt das Filmbild für beklemmende 34 Sekunden komplett schwarz, während man den Protagonisten schluchzen und an seinen Handschellen rütteln hört.

---

[34] Vgl.: Abb. 15.

Abb. 19: Hostel

Die Bilder setzen wieder ein, als der Raum von zwei Figuren betreten wird. Einem grobschlächtigen Häscher in Lederjacke, der die Klischees der russischen Mafia transportiert, und ein Folterer, der, so erfahren wir, speziell einen US-Amerikaner als Missbrauchsobjekt eingekauft hat. Amerikaner, so will es der Plot, sind die teuerste und begehrteste Ware der europäischen Sadisten.

Es ist die Figur des Folterers vom – so Magnus Klaue – „Typus Mengele", die diese Sequenz für diese Analyse interessant macht. Neben dem bulligen Handlanger wirkt der Mann schmächtig, banal, kultiviert und durchschnittlich, auch der „Typus Eichmann" schwingt hier im Aussehen mit. Er ist wohl etwa Ende vierzig, Anfang fünfzig, bis auf einen Haarkranz glatzköpfig und trägt die ebenfalls ikonographisch für *Hostel* stehende Schutzkleidung der Folterer:[35] einen grünen, an Chirurgen erinnernden Mundschutz, ein

---

[35] Dieses Phänomen ist bemerkenswert an dieser Horror-Reihe. Während andere serielle Horrorproduktionen eine feste Figur als Ikone, wie Freddy Krueger oder Michael Myers, herausbilden, sind es bei *Hostel* stets verschiedene Figuren der Tötungsindustrie in derselben Kleidung, die in Werbung, Trailern und

braunrotes Hemd, schwarze Gummihandschuhe und eine schwere Lederschürze, die Assoziationen zu Schlachtern erwecken soll.[36]

Der Mann wird mit einer Nahaufnahme bedacht, als er seinen Mundschutz öffnet, um besser atmen zu können. Er ist offenbar von der Situation so erregt, dass er droht zu hyperventilieren. Dann nimmt er sich mit einer Schere einen Fetisch aus Paxtons Haar und verletzt ihn mit einer Art Blumenharke. Paxton weint und bittet auf Englisch um Einhalt, bis der Sadist ihn harsch auf (schlechtem) Deutsch unterbricht: „Genug – sprich nicht mehr!"[37] Paxton, so haben wir beiläufig im ersten Teil des Films erfahren, spricht fließend Deutsch, und appelliert an seinen Folterer, in der Hoffnung, dass die Sprache fähig ist, einen empathischen Konnex herzustellen und ihn vom Objekt wieder zum Subjekt zu erheben. „Wenn Du mich tötest", fleht Paxton, „wird es dein Leben zerstören. Jedes Mal, wenn du deine Augen schließt, wirst du mich sehen. Ich werde jede Nacht in deinen Alpträumen sein … Dein ganzes Leben, ich werde es zerstören!" Bedeutungsschwanger spielt während des Appells dramatische Musik auf, und der Sadist hält zögerlich inne. Er schlägt Paxton, ganz in der Tradition des Sadiconazista-SS-Offiziers, mit einem Handschuh ins Gesicht, schreitet zackig zur Tür und brüllt auf Deutsch: „Wache!". Der Zuschauer erwartet, dass der Gnadenappell gefruchtet hat, der Folterer nun den Menschen in Paxton sieht und ihn nicht mehr töten kann. Doch der Film erlaubt sich einen zynischen Scherz. Der Deutsche kehrt mit dem bulligen Wärter zurück und man meint, während das Filmbild auf der Nahaufnahme des Folterers bleibt, der entschlossen nickt, im Off das Geräusch von Schlüsseln zu hören, die Paxtons Hand- und Fußfesseln öffnen. Doch das Genre „weiß" letztlich aus den Sadiconazista, dass Deutsch keine Sprache ist, in der man um Menschlichkeit bittet, und als die Einstellung auf die Großaufnahme von Paxton schwenkt, hat er lediglich einen Knebel im Mund. Die Sequenz wird ins Unerträg-

---

Halloweenkostümen den Konnex zum Film herstellen.

[36] Vgl.: Abb. 19.

[37] Man darf hierbei auf keinen Fall die deutsche Synchronfassung heranziehen, die bei dieser Sprachbarrieren-Konstellation aus dem Folterer einen Spanier macht und so die Sadiconazista-Elemente verwischt.

liche gesteigert werden, Paxton wird vor Schmerzen erbrechen, Finger an eine Kettensäge verlieren und durch reines Glück entkommen, da der Folterer auf ebendiesen Fingern ausrutscht und sich dabei selbst mit der Säge tödlich verletzt.

Die Figur des deutschen Folterers als „zivilisierter Bestie" mit militärischem Gebaren, obgleich hier überhaupt kein militärischer Kontext mehr gegeben ist, ist ein Gespenst aus den Holocaust-Narrativen ohne die explizite narrative Verbindung im Plot von *Hostel*. Der Mann ist zu jung, um als Altnazi zu gelten, der das Morden nicht aufgeben kann, dennoch ist diese Sequenz, die ohnehin ein brutal übersteigertes Filmzitat der Folterszene aus *Marathon Man* ist, ein traumatisches Versatzstück, das der Horrorfilm sich dem Holocaust-Narrativ entlehnt hat.

Paxton kann sich, verkleidet als Folterer, zunächst aus dem Raum befreien, wird jedoch gejagt und versteckt sich schließlich in einer Kammer, in der die Körper und Leichenteile anderer Opfer auf einer Karre gesammelt werden. Auch solche Karren mit den zerstörten Körpern der Toten darauf gehören zum Holocaust-Film. Die List, die Paxton anwendet, um zu überleben, stellt nebenbei bemerkt eine schreckliche Reminiszenz an die Überlebenden-Berichte von Massenerschießungen dar: Er verharrt, sich tot stellend, unentdeckt unter den toten, blutenden Körpern.

Ein grobschlächtiger, stoisch tumb blickender Arbeiter mit Kettenschürze holt die Leichenkarre mit dem versteckten Protagonisten darauf ab, damit der Film schließlich seinen größten Tabubruch inszenieren kann; eine Szene, die *par excellence* zu jenen gehört, die dem Zuschauer zum Genuss dargeboten werden, in realen Situationen aber das Subjekt zu zerschlagen, traumatisieren und zu verschlingen drohten.[38] Die Arbeitsschritte der leichenproduzierenden Industrie sollen bis ins letzte, widerwärtige Detail vorgeführt werden. Aus Paxtons Perspektive sieht man flüchtig, wie ein anderer Arbeiter den Boden einer der Folterkabinen mit einem Schlauch vom Blut säubert, dann wird er mit einem Fahrstuhl in eine andere Etage der Fabrik gebracht. Auge in Auge verweilt er mit der Lei-

---

[38] Vgl.: Kracauer: *Theorie des Films*, S. 91 f.

che seines Freundes Josh, während der Handlanger dabei gezeigt
wird, wie er, einem Schlachter gleich, desinteressiert Körper zerklei-
nert, in eine Metallwanne füllt und diese mit sich nimmt. Paxton
wird mit einer Nahaufnahme bedacht und erhebt sich vorsichtig
von dem Karren. Die Folgeeinstellung suggeriert seine Subjektive:
Von links nach rechts fährt die Kamera an einer gekachelten Wand
vorbei, bis die Einstellung den Blick in einen Nebenraum freigibt,
in dem der Arbeiter in der Halbtotalen inszeniert ist. Er steht vor
einem geöffneten Verbrennungsofen und wirft Füße, Oberschenkel
und Fleischstücke ins lodernde Feuer der Öffnung des Kremato-
riumsofens, während der Bildausschnitt sich ihm langsam nähert.
Verdutzt und dümmlich unschuldig schauend dreht der Mann sich
um, während der Schnitt auf Paxton zurückspringt, der den Arbeiter mit einem Hammer niederschlägt.

Hostel verweilt nicht beim bloßen Symbol der Massenvernichtung, dem Krematoriumsschlot, der Film will auch die tabuisiertes-
ten traumatischen Grausamkeiten im Phantasma des Horrors profanisiert bebildern, die von den Sonderkommandos überliefert sind:
das Einsammeln der Körper, Auswaschen der Räume und Vernichten jeglicher Spuren der Existenz im Krematorium – ein grausiges
Remake von *How it feels to be run over*; dies alles in einem erfolgreichen Horror-Blockbuster, der keinen expliziten, narrativen Konnex zum Holocaust herstellt, dessen gesamte Horrorimaginationen
jedoch inspiriert von jenen Versatzstücken erscheinen, die diese Arbeit vorangehend anhand der Shoah im Horror-, Science-Fiction-,
Fantasy- und Sadiconazista-Film herausgestellt hat.

Die Folter-Pornographie von *Hostel* wurde in den Feuilletons
weitestgehend als sadistisch-voyeuristische Spielart des Horrorfilms gelesen, die schon immer grand-guignolesk Schaulustigen
Grausamkeiten dargeboten hat. Einige wenige Pressestimmen aber
sahen den Film auch als Symptomatik eines unangenehmen, gesellschaftlichen Diskurses. So berichtete das Magazin *Kulturzeit* auf
3sat in einer von Thomas Machos Analysen geprägten Lesart über
den Film als grausamem Zerrspiegel der Debatten um einen lega-

len Einsatz von Folter in Ausnahmesituationen.[39] Unter diesem Gesichtspunkt kommt der Film moralisch vielleicht sogar besser davon als die ebenfalls vor diesem Hintergrund betrachtete Fernsehserie 24. Foltert hier nämlich der Protagonist im Namen der Menschlichkeit und als Agent des Wächterstaates die ohnehin Richtigen, erscheint *Hostel* als Symptom der „Irakisierung" des amerikanischen Films zumindest als die dunkle Phantasietätigkeit einer verdrängten Schuld: Man imaginiert die Leiden der eigenen Opfer von Abu Ghraib im Phantasma am eigenen Leib – und wieder bebildern dabei dissoziative Holocaustversatzstücke die Drohung der Faschisierung der eigenen Gesellschaft.

---

[39] Vgl.: http://www.3sat.de/dynamic/sitegen/bin/sitegen.php?tab=2\&source =/kulturzeit/themen/102906/index.html, 29.11.2009, 11:28 Uhr.

8. Das posttraumatische Spiel mit der Katastrophe

Steht die Ausformung eines Kinos, dessen Stellvertreter *Hostel* ist, unter dem Regime des Todestriebes? Ein affektives Paradoxon ist sie allemal.

Stellen die Vexierbilder der Shoah – um Kracauers Formulierung zu dokumentarischem Material aus Kriegswochenschauen[1] einmal provokativ auf die Situation hin abzuwandeln – einen „Holocaust zum Bummeln" dar? Bedienen sie die Schaulust und nicht nur die harmlose an bewegten Bildern und Farben, sondern die Rückkehr des Archaischen, des umjohlten Richtplatzes und Scheiterhaufens des Mittelalters, wie Walter Serner es dem Film diagnostizierte?[2] Wahrscheinlich auch das, doch sollte der simple „Exploitation-Vorwurf" in dieser Untersuchung außer Acht gelassen werden.

Es formierte sich allerdings in allen analytischen Betrachtungen dieser Arbeit ein komplexerer „Exploitation-Vorwurf", der das „sinnentleerte Zitieren", die Verwendung des historischen Hintergrunds der Shoah oder einer Holocaust-Ikonographie im populären Kino als eine Art „semiotische Exploitation" fasst:

Die Tendenzen der Mythisierung zur Entpolitisierung und Enthistorisierung mögen auf der einen Seite Geschichten, die tatsächlich ein Nachdenken über die Verbrechen des Nationalsozialismus anstreben, verkürzen, Täterfiguren und Kausalzusammenhänge verzerren und auf Zeichen reduzieren, die lediglich auf Zeichen verweisen, auf der anderen Seite haben sie aber ein neues „Repräsentationsproblem" generiert: nicht jenes, dass Auschwitz nicht repräsentiert werden kann, sondern dass Auschwitz-Versatzstücke *repräsentieren müssen*. Die Shoah-Assoziationen und Versatzstücke

---

[1] Siegfried Kracauer: „Todessturz eines Fliegers", *Frankfurter Zeitung*, 5. Februar 1932.

[2] Vgl.: Walther Serner: „Kino und Schaulust", in: Jörg Schweinitz (Hg.): *Prolog vor dem Film. Nachdenken über ein neues Medium 1909-1914*, Reclam, Leipzig 1992, S. 209 f.

werden als Gegenpol dessen aufgebaut, was das Gute und Helden-
hafte der Figuren von *Harry Potter, Star Trek, Hellboy* oder *The X-
Files* ausmacht, eine Charakterzeichnung der Menschlichkeit *ex negativo*, wohingegen sie bei Antagonisten unkomplexerer Art in der
Praxis des monströsen Körpers auf den zu vernichtenden Leib geschrieben werden. Als „Lokalkolorit" des Horrors verwandelt sich
die Ikonographie des Zivilisationsbruchs in den phantastischen Die-
gesen in ein unheimliches *Terzium Comperationes*, das im *Terminator*
Holocaust, nuklearen Holocaust und Dystopie verbindet, in *Hostel*
Shoah, Abu Ghraib und Angstphantasien von Verschwörung und
Zerstückelung. In einer semiotischen Konstellation gesprochen waren also bisher zum Scheitern verurteilte Signifikanten um ein traumatisches Signifikat bemüht. Was diese Analyse nun zeigte, ist, dass
dieselben gescheiterten Signifikanten herreichen können, um entweder andere traumatische Signifikate zu umlagern oder gar – dies
kommt dem sinnentleerten Zitieren nach Lorenz nah – *l'art pour
l'art*-Signifikat des Traumas an sich zu werden.

Martin Scorsese verschreibt sich mit *Shutter Island* diesem KZ-
Horror als *l'art pour l'art*, in dem das zweifache Trauma des disso-
ziativen Protagonisten, der als GI im zweiten Weltkrieg Dachau be-
freite, fokalisiert wird, um ihn auf der Suche nach seinen eigenen
Dämonen durch kitschig, grausame Höllenlandschaften gefrorener
Leichenberge danteschen Ursprungs zu begleiten.

Sehr deutlich wird die Tendenz, Holocaust-Signifikanten als *Terzium Comperationes* für ein anderes traumatisches Signifikat einzu-
setzen, etwa bei der Suche der Medien nach adequaten Diskursivierungsschablonen für *das* traumatische Ereignis des beginnenden
21. Jahrhunderts. Natürlich eröffnete der 11. September 2001 neben
Analogisierungen zu historischen, traumatischen Kriegsverbrechen
wie Hiroshima oder Pearl Harbor auch erneut die Rede von der Hölle (man erinnere sich an das hanebüchene Bild der „Dämonenfrat-
ze" aus Rauch, die aus einem der getroffenen Türme zum Himmel
steigt[3]). Doch auch eine andere Figur, die selbst den Weg der Reprä-

---

[3]   http://images.google.com/images?hl=de\&source=hp\&q=9+11+devil\
&gbv=2\&aq=f\&oq=, 05.12.2009, 16:11 Uhr.

sentationsproblematik des Traumas durchlaufen hatte, wurde herbeigezerrt, um der sprachlichen Dissoziation Herr zu werden:

„One might easily think this was the Holocaust in miniature or the first act in a larger Holocaust-like tragedy fated to unfold in days to come"[4], schreibt etwa David Sterrit in einem relativ früh nach den Ereignissen erschienenen Essay zum Wechselverhältnis zwischen dem Kino und dem 11. September. Der New Yorker Schriftsteller Israel Horovitz bindet in seinem Monologstück „Drei Wochen nach dem Paradies" die Zeile ein: *„Ich wurde 1939 geboren, kein besonders gutes Jahr für Juden. [. . .] Später hat Hitler einen Juden aus mir gemacht. Und jetzt hat Bin Laden einen New Yorker aus mir gemacht."*[5] Sehr exponiert wurde in Feuilletons und kulturwissenschaftlichen Aufsatzsammlungen zum 11. September ebenfalls Art Spiegelmanns künstlerische Reaktion *In the Shadows of No Towers* behandelt. Spiegelmanns Name ist unweigerlich mit seinem Werk *Maus* verknüpft, sodass bereits der Umstand, dass ein historisches Ereignis unserer Zeit diesen Zeichner des Traumatischen wieder auf den Plan rief, den 11. September in eine unheimliche, konnotative Nähe zum Holocaust rückte. Doch schlägt er darüber hinaus auch selbst in *In the Shadows of No Towers* die Brücke vom 11. September zur Shoah, wenn er seinen Zeichnungen den folgenden Text hinzufügt: *„Ich weiß noch, wie mein Vater versucht hat, mir den Geruch des Rauchs in Auschwitz zu beschreiben . . . er konnte es mir nicht näher erklären als . . . ‚unbeschreiblich' . . . und genauso roch die Luft in Manhattan nach dem 11. September."*[6] In einer späteren Folge dieser Graphic-

---

4   David Sterrit: „Representing Atrocity From the Holocaust to September 11", in: *Film and Television after 9/11*, Wheeler Winston Dextor (Hg.), Southern Illinois University Press, 2004, S. 63.

5   Israel Horovitz zitiert nach: Walter Uka: „Der 11. September auf dem Theater", in: *Narrative des Entsetzens. Künstlerische, mediale und intellektuelle Deutungen des 11. September 2001*, Matthias N. Lorenz (Hg.), Königshausen & Neumann, Würzburg 2004, S. 152.

6   Art Spiegelmann zitiert nach: Matthias N. Lorenz: „Lachen nach dem/über den 11. September 2001", in: *Narrative des Entsetzens. Künstlerische, mediale und intellektuelle Deutungen des 11. September 2001*, ders. (Hg.), Königshausen & Neumann, Würzburg 2004, S. 302. Im Folgenden zitiert als: Lorenz: „Lachen nach dem/über den 11. September 2001".

Novel-Reaktion auf den Terror verknüpft Spiegelmann erneut den Anschlag mit dem Holocaust, wenn er schreibt, nun zu verstehen, warum manche Juden nach der Kristallnacht Berlin nicht verlassen haben, und bindet damit die Situation des New Yorkers nach dem 11. September konnotativ an die des Auschwitz-Überlebenden.[7]

Auch die deutsche Presse nimmt die Diskursivierungsschablone des Holocaust auf, wenn in verschiedenen Zeitungen, wie etwa der *ZEIT* oder dem *Freitag*, nach dem 11. September über den Anschlag als „Zivilisationsbruch" zu lesen ist, ein Terminus, der bisher nur auf Auschwitz angewandt wurde.[8]

Bezeichnenderweise ist es der gesellschaftliche „Trauma-Arbeiter" Steven Spielberg, der letztendlich die Ikonographie des 11. Septembers mit Hilfe von Versatzstücken des Holocaust in *War of the Worlds* in einem Phantasma des Science-Fiction-Horrors verweben wird, einem außerirdischen Genozid, in dem Menschen *on screen* in Asche verwandelt werden, durch einen Fluss Hunderte von Leichen an einem Kind vorbei treiben und später Überlebende zusammengetrieben und industriell zu Dünger verarbeitet werden sollen. Die Bilder, die Spielberg liefert, gleichen den Medienbildern der Zerstörung des World Trade Centers, während er den erzählerischen Fokus – zu dieser Zeit untypisch für das Genre – ohne Ironie auf absolut passive Opfer setzt, eine Familie unter der Drohung physischer Vernichtung auf der Flucht.[9]

---

7   Lorenz: „Lachen nach dem/über den 11. September 2001", S. 302.

8   Ebd.

9   Die „semiotische Exploitation" der Shoah-Signifikanten begrenzt sich nicht nur auf 9/11. In der Kampagne „AIDS is a Massmurder", die im Jahr 2009 veröffentlicht und wieder eingestellt wurde, wurden die Toten der Krankheit zahlenmäßig mit den Toten der Shoah verglichen und eine Frau in einer intimen, an den Modus des Erotikthrillers erinnernden Bettszene mit Hitler gezeigt. Zu einem kleinen Skandal kam es weiterhin bei den Olympischen Spielen 1996 in Atlanta, da das französische Team der Synchronschwimmer zu der Musik von *Schindler's List* eine sportliche Adaptation des Holocaust-Themas aufführen wollte. Die Choreographie sollte die Ankunft jüdischer Frauen im Vernichtungslager, die Selektion durch SS-Ärzte an der Bahnrampe und den Gang in die Gaskammern darstellen. Die Kür war bereits auf verschiedenen Wettkämpfen gezeigt worden. Auf den Vorwurf der Geschmacklosigkeit von Seiten des Vorsitzenden des Dachverbandes jüdischer Organisationen in Frankreich hieß es von Sport-

In ihrem Aufsatz über die posttraumatischen Reaktionen unmittelbar von den Anschlägen des 11. September betroffener Opfer erläutert die Psychoanalytikerin Christine Anzieu-Premmereur ihre Beobachtungen des „posttraumatischen Spiels" bei Kindern.[10] So erwähnt sie, wie von ihnen wieder und wieder Legotürme aufgebaut und dann eingerissen wurden.[11] Dies lässt sich in einem Konzept mit dem Kinofilm *War of the Worlds* wie mit den Vexierbildern des Holocaust dieser Arbeit zusammendenken, sind sie doch auch ein „Spiel mit der Katastrophe"[12] durch das Film-Phantasma, dem ein traumatisches Ereignis zugrunde liegt. Erwachsene spielen anders als Kinder, es steht ihnen nicht frei, auf dem Boden liegend Legotürme einzureißen, ohne zumindest an ihrer geistigen Gesundheit zweifeln zu lassen. Sie können allerdings ins Kino gehen, damit der Film mit ihnen ein „posttraumatisches Spiel" spielt und eine Geschichte vom Heilen der Wunde erzählt.

Die Perspektive auf den Holocaust im populären Kino, wie sie in dieser Diskursanalyse beschrieben wurde, begreift die Tendenzen der Vexierbilder der Shoah nicht als Selbstentfremdung, die die Menschheit ihre eigene Vernichtung als ästhetischen Genuss ersten Ranges erleben lässt.[13] Bei den ästhetischen Beschreibungen des Kriegs, die Walter Benjamin im bekannten „Kunstwerk-Aufsatz" Filippo Tommaso Marinetti zur Last legt, überkommt den Leser bisweilen die Frage, ob die nihilistischen und apokalyptischen Tendenzen des postklassischen Horrors dieser faschistischen Ästhetik, dem

---

lerseite, dass der Holocaust sie nun noch mehr berühre, es handele sich um die künstlerische Verarbeitung dieses schwierigen Themas und ihre Choreographie stelle einen Appell gegen den Rassismus dar. „Tanz den Oskar Schindler", *TAZ*, 28.03.2009, http://www.taz.de/1/sport/artikel/1/tanz-den-oskar-schindler/, 18.12.2009, 12:32 Uhr.

[10]   Christine Anzieu-Premmereur: „New York nach dem 11. September 2001", in: Thomas Auchter, Christian Büttner, Ulrich Schultz-Venrath, Hans-Jürgen Wirth (Hg.): *Der 11. September. Psychoanalytische, psychosoziale und psychohistorische Analysen von Terror und Trauma*, Psychosozial-Verlag, Gießen, 2003, S. 293. Im Folgenden zitiert als: Anzieu-Premmereur.

[11]   Ebd.: S. 290.

[12]   Siegfried Kracauer: „Marseiller Notizhefte", Vorarbeiten zur *Theorie des Films*, zitiert nach Bratze-Hansen, S. 265 f.

[13]   Vgl.: Benjamin: S. 508.

perversen und makabren Schwelgen in der Schönheit der Gasmasken, Flammenwerfer und Verwesungsgerüche, latent folgen. Doch würde diese Rechnung aufgehen, hätte die tatsächliche faschistische Gesellschaft jenseits des sich affiliierenden futuristischen Manifests dann nicht die gewalttätigsten Filme der Filmgeschichte hervorgebracht? Quentin Tarantino imaginiert dies in dem fiktiven Propagandastreifen, dessen Premiere den Nazis in *Inglourious Basterds* zum Verhängnis wird. Die kurzen Einschübe von *Stolz der Nation* erinnern dabei aber vor allem an die finale Schlacht aus Spielbergs *Saving Private Ryan*. Wie – abgesehen von der sublimen Gewalt der antisemitischen Propagandafilme – vergleichsweise harmlos und bürgerlich kommen die seichten Unterhaltungsfilme der Nazis doch dagegen zu der realen Gewalt ihrer Gesellschaft daher.

Die Vexierbilder der mythisierten, grotesken, phantastischen Shoah-Versatzstücke dagegen erscheinen vielmehr als posttraumatisches Spiel mit der Katastrophe einer Populärkultur, die nicht zuletzt auch Speicherort ikonographisch zirkulierender, medialer Traumata ist.

Literaturverzeichnis

Monographien und Aufsatzsammlungen:

Adorno, Theodor W.: *Negative Dialektik*, Suhrkamp, Frankfurt a.M. 1966.

Améry, Jean: *Jenseits von Schuld und Sühne. Bewältigungsversuche eines Überwältigten*, Szczesny, München, 1966.

Alighieri, Dante: *Die Göttliche Komödie*, Bechtermünz Verlag, Augsburg 2000.

Arendt, Hannah: *Eichmann in Jerusalem*, Piper, München 2008.

Bachtin, Michael: *Rabelais und seine Welt. Volkskultur als Gegenkultur*, Suhrkamp, Frankfurt a. M. 1995.

Barck, Karlheinz u.a. (Hg.): *Ästhetische Grundbegriffe*, Metzler, Stuttgart, Weimar 2000.

Barthes, Roland: *Mythen des Alltags*, Suhrkamp, Frankfurt a.M. 1964.

Bazin, André: *Was ist Film?*, Alexander-Verlag, Berlin 2004.

Bordwell, David; Kristin Thompson: *Film Art – an Introduction*, 7th ed., McGraw-Hill, New York, 2004.

Bordwell, David: *Making Meaning*, Harvard University Press 1991.

Brin, David; Scott Hampton: *The Life Eaters*, Wildstorm, La Jolla (Ca), 2003.

Carroll, Noël: *The Philosophy of Horror or Paradoxes of the Heart*, Routledge, New York, London, 1990.

Clover, Carol J.: *Men, Women and Chainsaws*, Princeton University Press, Princeton, New Jersey, 1992.

Dextor, Wheeler Winston (Hg.): *Film and Television after 9/11*, Southern Illinois University Press, 2004.

Didi-Hubermann, George: *Bilder trotz allem*, Fink, München 2006.

Düwell, Susanne; Matthias Schmidt (Hg.): *Narrative der Shoah*, Ferdinand Schöningh, Paderborn, München, Wien, Zürich 2002.

Duden, Bd. 5: *Das Fremdwörterbuch*, Dudenverlag, Mannheim, Leipzig, Wien, Zürich 2001.

Freud, Sigmund: *Die Traumdeutung*, Fischer, Frankfurt a.M. 1991.

Friedländer, Saul: *Kitsch und Tod*, Fischer, Frankfurt a. M. 2007.

Halberstam, Judith: *Skin Shows*, Duke University Press, Durham, London 2000.

Hirsch, Joshua: *After Images: Film, Trauma and the Holocaust*, Temple University Press, Philadelphia 2004.

Jameson, Frederic: *The Geopolitical Aesthetic*, Indiana University Press, Bloomington, Indianapolis 1992.

Koch, Gertrud: *Die Einstellung ist die Einstellung*, Suhrkamp, Frankfurt a.M. 1992.

Kracauer, Siegfried: *Theorie des Films*, Suhrkamp, Frankfurt a. M. 1985.

Lacan, Jaques: *Le séminaire, livre III: Les psychoses*, Paris: Seul 1973.

Levi, Primo: *Die Untergegangen und die Geretteten*, Hanser, München, Wien 1990.

Levi, Primo: *Ist das ein Mensch?* dtv, München 2009.

Levi-Strauss, Claude: *Mythos und Bedeutung*, Suhrkamp, Frankfurt a.M. 1996.

Lorenz, Matthias N. (Hg.): *Narrative des Entsetzens. Künstlerische, mediale und intellektuelle Deutungen des 11. September 2001*, Königshausen & Neumann, Würzburg 2004.

Mignola, Mike (Autor), Joshua Dysart (Autor), Paul Azaceta (Zeichner): *B.P.R.D.: 1946*, Vol. 9, Dark Horse Comics, Milwaukie, Oregon 2008.

Möller, Hans-Jürgen; Gerd Laux; Arno Dreister: *Psychiatrie und Psychotherapie*, Thieme, Stuttgart, 3. Aufl. 2005.

Moser, Tilmann: *Dämonische Figuren.Die Wiederkehr des Dritten Reiches in der Psychotherapie*, Suhrkamp, Frankfurt a. M. 2001.

Nury, Fabien; John Cassday: *Ich bin Legion*, Amigo Grafik, Asperg 2008.

Ott, Michaela: *u. a. Hollywood. Phantasma/Symbolische Ordnung in Zeiten des Blockbuster-Films*, edition text + kritik, Boorberg, München 2005.

Paul, William: *Laughing Screaming*, Columbia University Press, New York, 1994.

Picart, Caroline Joan (Kay) S.; David A. Frank: *Frames of Evil. The Holocaust as Horror in American Film*, Southern Illinois University Press, Carbondale 2006.

Radkau, Joachim: *Das Zeitalter der Nervosität – Deutschland zwischen Bismarck und Hitler*, Carl Hanser Verlag, München, Wien 1998.

Sarasin, Phillip: *Anthrax. Bioterror als Phantasma.* Suhrkamp, Frankfurt a. M. 2004.

Schneider, Steven Jay (Hg.): *101 Horror Movies you must see before you die*, Cassel, London 2009.

Seeßlen, Georg: *Steven Spielberg und seine Filme*, Schüren, Marburg 2001.

Stiglegger, Marcus: *Sadiconazista. Faschismus und Sexualität im Film*, Gardez! Verlag, St. Augustin 2000.

Taterka, Thomas: *Dante Deutsch*, Erich Schmidt, Berlin 1999.

Winkler, Hartmut: *Der filmische Raum und der Zuschauer*, Karl Winter, Heidelberg 1992.

White, Hayden: *Auch Klio dichtet oder: Die Fiktion des Faktischen*, Klett, Stuttgart 1991.

Worland, Rick: *The Horror Film: an introduction*, Blackwell 2007.

Aufsätze, Essays, Zeitungs- und Lexikonartikel

Anzieu-Premmereur, Christine: „New York nach dem 11. September 2001", in: Thomas Auchter, Christian Büttner, Ulrich Schultz-Venrath, Hans-Jürgen Wirth (Hg.): *Der 11. September. Psychoanalytische, psychosoziale und psychohistorische Analysen von Terror und Trauma*, Psychosozial-Verlag, Gießen, 2003.

Barthes, Roland: „Der Tod des Autors", in: Fotis Jannidis, Gerhard Lauer, Matias Martinez, Simone Winko (Hg.): *Texte zur Theorie der Autorenschaft*, Reclam, Stuttgart 2007.

Barthes, Roland: „Sade-Pasolini", in: *Le Monde*, 16.06.1976.

Benjamin, Walter: „Das Kunstwerk im Zeitalter seiner technischen Reproduzierbarkeit", in: ders.: *Gesammelte Schriften*. Bd. I.2, Rolf Tiedemann, Hermann Schweppenhäuser (Hg.), Suhrkamp, Frankfurt a.M. 1974.

Bratze-Hansen, Miriam: „Dinosaurier sehen und nicht gefressen werden: Kino als Ort der Gewalt-Wahrnehmung bei Benjamin, Kracauer und Spielberg", in: Gertrud Koch (Hg.): *Auge und Affekt*, Fischer, Frankfurt a. M. 1995.

Brink, Cornelia: „Bilder vom Feind", in: *Die Shoah im Bild*, Sven Kramer (Hg.), edition text + kritik, Boorberg-Verlag, Augsburg 2003.

Brink, Ilsa J.: „The Trauma Is Out There: Historical Disjunctions and the Posttraumatic Narrative as Process in *The X-Files*", in: Christopher Sharrett (Hg.): *Mythologies of Violence in Postmodern Media*, Wayne State University Press, Detroit 1999.

Cochrane, Kira: „For Your Entertainement", *The Guardian*, 01.05.2007.

Diner, Dan: „Zwischen Aporie und Apologie. Über Grenzen der Historisierbarkeit der Massenvernichtung", in: *Babylon. Beiträge zur jüdischen Gegenwart*, 1987, Heft 2.

Douglas, Lawrence: „The Shrunken Head of Buchenwald: Icons of Atrocity at Nuremberg", in: Barbie Zelizer (Hg.): *Visual Culture and the Holocaust*, Rutgers University Press, New Brunswick, New Jersey, 2001.

Elsaesser, Thomas: „‚Zu spät, zu früh'. Körper, Zeit und Aktionsraum in der Kinoerfahrung", in: *Kinogefühle. Emotionalität und Film*, Brütsch, Hediger, von Keitz, Schneider, Tröhler (Hg.), Schüren, Marburg 2005.

Ernst, Wolfgang: „Auschwitz", in: Karlheinz Barck u.a. (Hg.): *Ästhetische Grundbegriffe*, Bd. 1, Metzler, Stuttgart, Weimar 2000.

Felix, Jürgen: „Autorenkino", in: ders. (Hg.): *Moderne Film Theorie*, Bender Mainz 2003.

Foucault, Michel: „Was ist ein Autor?" in: Fotis Jannidis, Gerhard Lauer, Matias Martinez, Simone Winko (Hg.): *Texte zur Theorie der Autorenschaft*, Reclam, Stuttgart 2007.

Fromm, Erich: „Rußland, Deutschland, China – Bemerkungen zur Außenpolitik", in: *Erich Fromm – Gesamtausgabe in 12 Bänden*, Band XI, dtv, München 1999.

Galilei, Galileo: *Sidereus Nuncius. Nachricht von neuen Sternen: Dialoge über die Weltsysteme (Auswahl). Vermessung der Hölle Dantes. Marginalien zu Tasso.* Hans Blumenberg (Hg.), Suhrkamp, Frankfurt a. M. 1980.

Gunning, Tom: „Das Kino der Attraktionen. Der frühe Film, der Zuschauer und die Avantgarde", in: *Meteor* 04/96.

Hoffmann, Detlef: „Aktuelle Symbolisierungsstrategien im Umgang mit dem System Auschwitz", in:*Die Shoah im Bild*, Sven Kramer (Hg.), edition text + kritik, Boorberg-Verlag, Augsburg 2003.

Ingebretsen, Edward J.: „Introduction", Picart, Caroline Joan (Kay) S.; David A. Frank: *Frames of Evil. The Holocaust as Horror in American Film*, Southern Illinois University Press, Carbondale 2006.

James, Nick: „Carve his Name with Pride", in: *Sight and Sound*, Juli 2009.

Jenny, Urs: „Engel in der Hölle", in: *Der Spiegel*, Heft 8, 1994.

Kirsten, Guido: „Die Liebe zum Detail – Bazin und der ‚Wirklichkeitseffekt' im Film", in*: Montage/av*, Schüren 18/01/2009.

Klaue, Magnus: „Sprich nicht mit dem Fremden", *Konkret*, Heft 12, 2008.

Koch, Gertrud: „Tauben oder Falken – die Rothschild Filme im Vergleich", in: Cilly Kugelmann, Fritz Backhaus: *Jüdische Figuren in Film und Karikatur: Die Rothschilds und Joseph Süss Oppenheimer*, Jan Thorbecke Verlag, Stuttgart 1995.

Köppen, Manuel; Klaus R. Scherpe: „Zur Einführung: Der Streit um die Darstellbarkeit des Holocaust", in: dies. (Hg): *Bilder des Holocaust: Literatur – Film – Bildende Kunst*, Böhlau, Köln, Weimar, Wien 1997.

Kracauer, Siegfried: „Todessturz eines Fliegers", in: *Frankfurter Zeitung*, 5. Februar 1932.

Krah, Hans; Marianne Wünsche: „Phantastisch/Phantastik", in: Karlheinz Barck u.a. (Hg.): *Ästhetische Grundbegriffe*, Bd. 4, Metzler, Stuttgart, Weimar 2000.

Kramer, Sven: „Inszenierung und Erinnerung. Zur Darstellung Nationalsozialistischer Todeslager im Film", in: *Weimarer Beiträge* 42, Heft 4, 1996.

Kramer, Sven: „Nacktheit in Holocaust-Fotos und -Filmen", in: *Die Shoah im Bild*, ders. (Hg.), edition text + kritik, Boorberg-Verlag, Augsburg 2003.

Liebermann, Ruth: „Diejenigen, die selbst beim Lachen keinen Spaß haben", in: *Lachen über Hitler – Auschwitz-Gelächter? Filmkomödie, Satire und Holocaust*, Fröhlich, Loewy, Steinert (Hg.), edition text + kritik, Boorberg Verlag, Stadtbergen 2003.

Loewy, Hanno: „Der Überlebende als böser Held. X-Men, Comic-Culture und Auschwitz-Fantasy", in: Susanne Düwell, Matthias Schmidt (Hg.): *Narrative der Shoah*, Ferdinand Schöningh, Paderborn, München, Wien, Zürich 2002.

Loewy, Hanno: „Zwischen *Judgement* und *Twilight*. Schulddiskurse, Holocaust und das Courtroom Drama", in: *Die Shoah im Bild*, Sven Kramer (Hg.), edition text + kritik, Boorberg-Verlag, Augsburg 2003.

Loshitzky, Yosefa: „Politik und Ethik der Holocaust-Filmkomödie", in: *Lachen über Hitler – Auschwitz-Gelächter?*, Margrit Frölich, Hanno Loewy, Heinz Steinert (Hg.), edition text + kritik 2003.

Lorenz, Matthias N.: „Der Holocaust als Zitat", in: *Die Shoah im Bild*, Sven Kramer (Hg.), edition text + kritik, Boorberg-Verlag, Augsburg 2003.

Lorenz, Matthias N.: „Lachen nach dem/über den 11. September 2001", in: ders. (Hg.): *Narrative des Entsetzens. Künstlerische, mediale und intellektuelle Deutungen des 11. September 2001*, Königshausen & Neumann, Würzburg 2004.

Müller, Ernst: „Mythos/mythisch/Mythologie" in: Karlheinz Barck u.a. (Hg.): *Ästhetische Grundbegriffe*, Bd. 4, Metzler, Stuttgart, Weimar 2000.

Oster,Anja; Walter Uka: „Der Holocaust als Filmkomödie", in: *Die Shoah im Bild*, Sven Kramer (Hg.), edition text + kritik, Boorberg-Verlag, Augsburg 2003.

Paech, Joachim: „Ent/setzte Erinnerung", in: *Die Shoah im Bild*, Sven Kramer (Hg.), edition text + kritik, Boorberg-Verlag, Augsburg 2003.

Primavesi, Patrick: „Mythos", in: Erika Fischer-Lichte, Doris Kolesch, Matthias Warstat: *Metzler Lexikon Theatertheorie*, Metzler, Stuttgart, Weimar 2005.

Radstone, Susannah: „Trauma and Screen Studies: opening the debate, *Screen*, Nr. 42, Heft 2, 2001.

Rosen, Elisheva: „Grotesk", in: Karlheinz Barck u.a. (Hg.): *Ästhetische Grundbegriffe*, Bd. 2, Metzler, Stuttgart, Weimar 2000.

Sarasin, Philipp: „Der öffentlich sichtbare Körper. Vom Spektakel der Anatomie zu den ‚curiosités physiologique'", in: *Physiologie und industrielle Gesellschaft*, ders., Jakob Tanner, (Hg.), Suhrkamp, Frankfurt a.M. 1998.

Serner, Walther: „Kino und Schaulust", in: Jörg Schweinitz (Hg.): *Prolog vor dem Film. Nachdenken über ein neues Medium 1909-1914*, Reclam, Leipzig 1992.

Sterrit, David: „Representing Atrocity From the Holocaust to September 11", in: *Film and Television after 9/11*, Wheeler Winston Dextor (Hg.), Southern Illinois University Press, 2004.

Stierle, Karlheinz: „Fiktion", in: Karlheinz Barck u.a. (Hg.): *Ästhetische Grundbegriffe*, Bd. 2, Metzler, Stuttgart, Weimar 2000.

Stiglegger, Marcus: „Horrorfilm", in: Thomas Koebner (Hg.): *Reclam Sachlexikon des Films*, Phillip Reclam jun., Stuttgart 2002.

Uka, Walter: „Der 11. September auf dem Theater", in: *Narrative des Entsetzens. Künstlerische, mediale und intellektuelle Deutungen des 11. September 2001*, Matthias N. Lorenz (Hg.), Königshausen & Neumann, Würzburg 2004.

Wenk, Silke: „LA VITA È BELLA zwischen Medienreferenz und ‚Postmemory'", in *Lachen über Hitler – Auschwitz-Gelächter?*, Margrit Frölich, Hanno Loewy, Heinz Steinert (Hg.), edition text + kritik 2003.

White, Hayden: „Das Ereignis der Moderne", in: Eva Hohenberger, Judith Keilbach (Hg.): *Die Gegenwart der Vergangenheit*, Vorwerk 8, Berlin 2003.

Wood, Robin: „The American Nightmare: Horror in the 70'", in: Mark Jancovitch (Hg.): *Horror. The Film Reader*, Routledge, London, New York 2002.

Žižek, Slavoj: „Camp Comedy", in: *Sight and Sound*, Heft 4, April 2000.

Internetquellen

http://www.youtube.com/watch?v=Ap7v7CNNiLA, 27.10.2009, 15:43 Uhr.

http://en.wikipedia.org/wiki/Reboot_(fiction)#Etymology, 27.10.09, 14:34 Uhr.

http://www.youtube.com/watch?v=ps64xxJq0mg, 27.10.2009, 12:14 Uhr.

http://www.youtube.com/watch?v=_AXkTONE5Is\&feature=related, 27.10.2009, 12:15 Uhr.

http://www.youtube.com/watch?v=EYT7JK_745M, 27.10.2009, 12:16 Uhr.

http://www.youtube.com/watch?v=9pZCgGDPJsI, 25.03.2011, 13:40 Uhr.

http://www.imdb.com/video/screenplay/vi1440023321/, 04.12.2009, 12:27 Uhr.

http://www.afi.com/tvevents/100years/handv.aspx, 18.10.09, 12:18 Uhr.

http://www.3sat.de/dynamic/sitegen/bin/sitegen.php?tab=2\&source=/kulturzeit/themen/102906/index.html, 29.11.2009, 11:28 Uhr.

http://www.moviesonline.ca/movienews_2091.html, 18.12. 2009, 12:30 Uhr.

http://images.google.com/images?hl=de\&source=hp\&q=9+11+devil\ &gbv=2\&aq=f\&oq=, 05.12.2009, 16:11 Uhr.

http://hellboy.wikia.com/wiki/Kroenen, 12.12.2009, 13:29 Uhr.

http://www.chud.com/articles/articles/20747/1/ MCP-REVIEW-DARKEST-OF-DAYS/Page1.html, 18.12.2009, 12:32 Uhr.

http://www.youtube.com/watch?v=tm7UcDG8P4o, 12.12.2009, 13:49 Uhr.

http://de.wikipedia.org/wiki/Nuklearer_Holocaust, 29.11.2009, 22:23 Uhr.

Förster, Lukas: „Hostel": http://www.critic.de/filme/detail/film/hostel-472.html, 20.11.2009, 11:30 Uhr.

Mendelsohn, David: „Inglourious Basterds – When Jews attack", *Newsweek*, 14.08.2009, http://www.newsweek.com/id/212016, 04.11.2009. 10:33 Uhr.

Stiglegger, Marcus: „Sadiconazista – Stereotypisierungen des Holocaust im Exploitationkino", http://www.ikonenmagazin.de/artikel/ sadiconazista.htm, 27.10.2009, 12:28 Uhr.

„Flucht in die Hölle", *Der Tagesspiegel*, 23.10.2002, http://www. tagesspiegel.de/kultur/art772,2188914, 26.10.2009, 12:10 Uhr.

„Tanz den Oskar Schindler", *TAZ*, 28.03.2009, http://www.taz.de/1/ sport/artikel/1/tanz-den-oskar-schindler/, 18.12.2009, 12:32 Uhr.

Filmographie

The American Nightmare, USA, 2000, Adam Simon.
Amistad, USA, 1997, Steven Spielberg.
The Amityville-Horror, USA, 1979, Stuart Rosenberg.
Anatomie, D, 2000, Stefan Ruzowitzky.
Apocalypse Now, USA, 1979, Francis Ford Coppola.
Apt Pupil, USA, 1998, Bryan Singer.
Aus einem deutschen Leben, D, 1977, Theodor Kotulla.
Auschwitz, Can./D, 2011, Uwe Boll.
Batman Begins, USA, 2005, Christopher Nolan.
Blood Feast, USA, 1963, Herschell Gordon Lewis.
Bloodrayne 3: The Third Reich, USA/ Can/ D, 2010, Uwe Boll.
Book of Blood, UK, 2008, John Harrison.
The Boy in the Striped Pyjamas, UK/USA, 2008, Mark Herman.
The Boys from Brazil, USA, 1978, Franklin J. Schaffner.
Braindead, Neuseeland, 1992, Peter Jackson.
The 'burbs, USA, 1989, Joe Dante.
Constantine, USA/D, 2005, Francis Lawrence.
Dawn of the Dead, USA/It., 1978, George A. Romero.
Dead Snow, Norwegen, 2009, Tommy Wirkola.
Deliverance,USA, 1972, John Boorman.
The Diary of Anne Frank of the Dead (Internet-Short), USA, 2008, Scotty Baker.
Dracula, USA, 1931, Tod Browning.
Der ewige Jude, D, 1940, Fritz Hippler.
Frankenstein, USA, 1931, James Whale.
*Friday the 13*th, USA, 2009, Marcus Nispel.
Grindhouse, USA, 2007, Quentin Tarantino, Robert Rodriguez, Eli Roth, Rob Zombie, Edgar Wright.
Der goldene Nazivampir von Absam II – Das geheimnis von Schloss Kottlitz, D, 2008, Lasse Nolte.
Der große Irrtum, It./Fra./BRD, 1970, Bernado Bertolucci.
Halloween, USA 1978, John Carpenter.
Halloween, USA 2007, Rob Zombie.
Hannibal Rising, USA, 2007, Peter Webber.
Harry Potter and the Order of Phoenix, USA/UK, 2007, David Yates.
Hellboy, USA, 2004, Guillermo del Toro.

The Hills have Eyes, USA, 2006, Alexandre Aja.

Hitler – ein Film aus Deutschland, BRD/Fra./UK, 1977, Hans-Jürgen Syberberg.

Hostel, USA, 2005, Eli Roth.

Hostel II, USA, 2007, Eli Roth.

The House of Rothschild, USA, 1934, Alfred L. Werker.

How it feels to be run over, UK, 1900, Cecil M. Hepworth.

Ilsa – She Wolf of the SS, USA, 1975, Don Edmonds.

Indiana Jones and the Last Crusade, USA, 1989, Steven Spielberg.

Inglourious Basterds, USA/D, 2009, Quentin Tarantino.

Invasion of the Body Snatchers, USA, 1956, Don Siegel.

L'Inferno, It./UK, 1911, Francesco Bertolini, Adolfo Padovan.

The Keep, UK, 1983, Michael Mann.

Lager SS 5 – L'inferno delle donne, It., 1977, Sergio Garrone.

Lager SSadis Kastrat Kommandantur, It., 1976, Sergio Garrone.

Lord of the Rings, Neuseeland/USA, 2001, Peter Jackson.

Marathon Man, USA '1976, John Schlesinger.

Mr. Death – The Rise and Fall of Fred A. Leuchter, Jr., USA, 1999, Errol Morris.

The Mummy, USA, 1932, Karl Freund.

Murders in the Rue Morgue, USA, 1932, Robert Florey.

Nichts als die Wahrheit, D/USA, 1999, Roland Suso Richter.

Night of the Living Dead, USA, 1968, George A. Romero.

Nightmare on Elm Street, USA, 1984, Wes Craven.

Oasis of the Zombies, Fra., 1981, Jesus Franco.

Office Killer, USA, 1997, Cindy Sherman.

Pasqualino Settebellezze, It., 1975, Lina Wertmüller.

Passion of Christ, USA, 2004, Mel Gibson.

Pink Flamingos, USA, 1972, John Waters.

Poltergeist, USA, 1982, Tobe Hooper.

Harry Potter and the Deathly Hallows Part I, David Yates, USA, UK, 2010.

Il Portiere di Notte, It., 1974, Liliana Cavani.

Psycho, USA, 1960, Alfred Hitchcock.

Pulp Fiction, USA, 1994, Quentin Tarantino.

I Spit on Your Grave, USA, 1978, Meir Zarchi.

Island of Lost Souls, USA, 1932, Erle C. Kenton.

Raiders of the Lost Ark, USA, 1981, Steven Spielberg.

Richard III, USA/UK, 1995, Richard Loncraine.

Die Rothschilds – Aktien auf Waterloo, D, 1940, Erich Waschneck.

Salò o le 120 giornate di Sodoma, I/F, 1975, Pier Paolo Pasolini.

Saving Private Ryan, USA, 1998, Steven Spielberg.

Saw, USA / Australien, 2004, James Wan.

Schindler's List, USA, 1993, Steven Spielberg.

Shining, USA / UK, 1980, Stanley Kubrick.

Shock Waves, USA, 1977, Ken Wiederhorn.

Shutter Island, USA, 2010, Martin Scorsese.

Silence of the Lambs, USA, 1991, Jonathan Demme.

Silent Hill, USA / Fra. / Can., 2006, Christophe Gans.

Son of Hitler, USA, 1978, Rodney Amateau.

Stalags, Israel, 2008, Ari Libsker.

Star Trek XI, USA, 2009, J.J. Abrams.

Star Wars, USA, 1977, George Lucas.

Sudden Impact, USA, 1983, Clint Eastwood.

The Terminator, UK / USA, 1984, James Cameron.

Terminator II – Judgement Day, USA / F, 1991, James Cameron.

Terminator III – Rise of the Machines, USA / D / UK, 2003, Jonathan Mostow.

Terminator IV – Salvation, USA / D / UK / I, 2009, Joseph „McG" McGinty Nichol.

The Texas Chain Saw Massacre, USA, 1974, Tobe Hooper.

Der Totmacher, D, 1995, Romuald Karmarkar.

Twilight Zone: The Movie, USA, 1983, Steven Spielberg, Joe Dante, John Landis.

L'Ultima Orgia del Terzo Reich, It., 1977, Cesare Canevari.

Umberto D., It., 1952, Vittorio De Sica.

The Unborn, USA, 2009, David S. Goyer.

Urotsukidoji II – Legend of the Demon Womb, Japan, 1993, Hideki Takayama.

Valkyre, USA / D, 2008, Bryan Singer.

Die Verdammten, It. / BRD, 1969, Luchino Visconti.

La Vita È Bella, It., 1997, Roberto Benigni.

War of the Worlds, USA, 2005, Steven Spielberg.

Werewolf Women of the SS (Gastregie-Segment aus *Grindhouse* →) Rob Zombie, USA, 2007.

What Dreams May Come, USA / Neuseeland, 1998, Vincent Ward.

X-Men, USA / Can, 2000, Bryan Singer.

Les Yeux sans Visage, Fra., 1960, George Franju.

Zug des Lebens, Fra. / Belgien / NL / Israel / Rumänien, 1998, Radu Mihaileanu.

Fernsehsendungs- und Serienverzeichnis

24, USA, 2001-2009.
Addams Family, USA, 1964-1966.
Holocaust, USA, 1978.
Millennium, USA/Can., 1996-1999.
N24 History – Die Geschichte der Deutschen, D, 2008-2009.
Nazi Scrapbooks from Hell – The Auschwitz Albums, USA, 2008.
Outer Limits, USA/Can, 1995-2002.
Twilight Zone, USA, 1959-1964.
Star Trek, USA, 1966-1969.
Star Trek: Deep Space Nine, USA, 1993-1999.
Star Trek: Enterprise, USA, 2001-2005.
Star Trek: Voyager, USA, 1995-2001.
True Blood: USA, 2008 – 2010.
X-Files, USA/Can., 1993-2002.
Zeugin aus der Hölle, BRD/Jugoslawien, 1967.

Videospiele

Call of Duty: World at War, Activision, 2008.
Call of Duty: Black Ops, Activision, 2011.
Dante's Inferno, Electronic Arts, 2010.
Darkest of Days, Phantom EFX, Valcon Games, 2009.
Return to Castle Wolfenstein, Activision/Valve, 2001.
Silent Hill, Konami, 1999-2009.

Abbildungen

Abb. 1: *Schindler's List*, USA, 1993, Steven Spielberg, DVD, Universal, Screenshot.

Abb. 2: Gustave Doré: *Das Höllentor*, in: Dante Alighieri: *Die Göttliche Komödie*, Bechtermünz Verlag, Augsburg 2000, S. 21.

Abb. 3: *Schindler's List*, USA, 1993, Steven Spielberg, DVD, Universal, Screenshot.

Abb. 4: *Schindler's List*, USA, 1993, Steven Spielberg, DVD, Universal, Screenshot.

Abb. 5: *Il Portiere di Notte*, It., 1974, Liliana Cavani, DVD, ZYX Music/Movieman, Screenshot.

Abb. 6: *Ilsa – She Wolf of the SS*, USA, 1975, Don Edmonds, DVD, RHE Home entertainement, Screenshot.

Abb. 7: *Hellboy*, USA 2004, Guillermo del Toro, Sony entertainement, Screenshot.

Abb. 8: *Werewolf Women of the SS*, (Gastregie-Segment aus *Grindhouse*), Rob Zombie, USA, 2007, DVD, Dimension, Screenshot.

Abb. 9:*Hellboy*, USA 2004, Guillermo del Toro, DVD, Sony entertainement, Screenshot.

Abb. 10: *Book of Blood*, UK, 2008, John Harrison, DVD, Sunfilm, Tiberius Film, Screenshot.

Abb. 11: *The Unborn*, USA, 2009, David S. Goyer, DVD, Universal, Screenshot.

Abb. 12: *The Unborn*, USA, 2009, David S. Goyer, DVD, Universal, Screenshot.

Abb. 13:*X-Men*, USA/Can, 2000, Bryan Singer, DVD, Fox Home entertainement, Screenshot.

Abb. 14: *Schindler's List*, USA, 1993, Steven Spielberg, DVD, Universal, Screenshot.

Abb. 15: *Hostel*, USA, 2005, Eli Roth, DVD, Sony Pictures Home entertainement, Screenshot.

Abb. 16: *Dead Snow*, Norwegen, 2009, Tommy Wirkola; DVD, Splendid, Screenshot.

Abb. 17: *X-Files*, 3. Staffel, 9. Episode: *Nisei* USA/Can, 1993-2002, DVD, Fox Home entertainement, Screenshot.

Abb. 18: *Star Trek: Voyager*, 4. Staffel, Episode 19 und 20: *The Killing Game* I-II, USA, 1998, DVD, Paramount, Screenshot.

Abb. 19: *Hostel*, USA, 2005, Eli Roth, DVD, Sony Pictures Home entertainement, Screenshot.